PATRIÉ

Dédié tout spécialement aux *Directeurs d'œuvres*, aux *Etudiants chrétiens* et aux *Membres des Retraites de départs.*

◦ ⁂ ◦

Pochette Illustrée

DU BOUTE-EN-TRAIN

DE LA CHAMBRÉE ET DES ŒUVRES

MÉMOIRES DE " *PIERRE-GUILLAUME* "

« Savoir créer le rire honnête qui amuse,
« repose et délasse; savoir remplacer les
« récréations douteuses ou équivoques par
« des amusements aussi irréprochables
« qu'attrayants, n'est-ce pas une des for-
« mes de l'apostolat militaire? »

LYON

IMPRIMERIE EMMANUEL VITTE

18, rue de la Quarantaine, 18

—

1897

POCHETTE ILLUSTRÉE

LYON. — IMP. EMM. VITTE, RUE DE LA QUARANTAINE, 18.

« Fecit *universi generis* armaturam et clypeos. (II. Par. XXXII-5.)
« Pour combattre Satan, toutes les armes sont bonnes. »

HONNEUR ET PATRIE

Dédié tout spécialement aux *Directeurs d'œuvres*, aux *Etudiants chrétiens* et aux *Membres des Retraites de départs.*

Pochette Illustrée

DU BOUTE-EN-TRAIN

DE LA CHAMBRÉE ET DES ŒUVRES

MÉMOIRES DE " *PIERRE-GUILLAUME* "

« Savoir créer le rire honnête qui amuse,
« repose et délasse ; savoir remplacer les
« récréations douteuses ou équivoques par
« des amusements aussi irréprochables
« qu'attrayants, n'est-ce pas une des for-
« mes de l'apostolat militaire ! »

LYON

IMPRIMERIE EMMANUEL VITTE

18, rue de la Quarantaine, 18

1897

Approbation de la Pochette de Pierre Guillaume

MON CHER AUMONIER,

Après la **Pochette 'du Conscrit**, qui contient d'excellents conseils pour ceux qui vont partir, voici une nouvelle pochette pour ceux qui sont incorporés; l'une n'est pas moins pratique que l'autre. Plaise à Dieu que votre inspiration trouve un écho retentissant dans le cœur de nos soldats bien élevés, et fasse passer dans l'ordre des faits ce qui est l'objet de vos désirs et des miens.

Votre chapitre sur les soirées théâtrales dans les œuvres militaires, trop flatteur pour l'établissement de la Part-Dieu, dénote en vous une connaissance approfondie de nos œuvres. Le soldat est un être isolé; sorti de la caserne, il est exposé aux mille dangers de la rue, bonne est l'œuvre qui l'attire et le recueille pour lui faire passer *sainement* ses heures de liberté. Que de péchés évités!

Le soldat, en général, n'est pas une nature mystique que séduit l'annonce d'une messe ou d'un salut religieux; il faut, pour l'amener dans nos maisons de famille, lui offrir des attraits humains, *in funiculis Adam traham eos, in vinculis charitatis*. Chez nous le théâtre est le vestibule de la chapelle.

Agréez, cher ami, l'assurance de mon parfait dévouement.

A. CLOT,

Chanoine honoraire de la Primatiale,
Directeur diocésain des œuvres militaires.

Lyon, 2 octobre 1897.

FÊTE DES SAINTS ANGES GARDIENS

AVANT-PROPOS

« *Exultatio juvenum, fortitudo eorum* »
La joie des jeunes gens est leur force.»
(Prov., xx, 19.)

Non la joie de ceux qui se réjouissent lorsqu'ils ont fait le mal : *qui lœtantur cum male-
fecerint, et exultant in rebus pessimis* (Pr.,
ii, 14), mais de ceux qui, en bon état de con-
science, ne connaissent pas les supplices des
remords, et chassent la tristesse parce qu'ils
la savent préjudiciable à l'âme, tout autant que
la teigne est nuisible aux vêtements et les
larves au bois : « *Sicut linea vestimento et
vermis ligno ita tristitia viri nocet cordi.*»

Un jour que saint Jean caressait une per-
drix, un chasseur qui le vit dans ce délasse-
ment lui en dit sa surprise.

— Et vous, lui demanda le saint, tenez-vous
toujours bandé l'arc que je vous vois dans les
mains ? — Non point, dit le chasseur, je le
détends et le repose pour qu'il puisse retrou-
ver au besoin son ressort et son élasticité... —
Eh bien, je fais de même.

A quoi bon cette pochette?

Est-ce un fait acquis par l'expérience que l'on ne peut pas rester de longues heures dans les chambrées sans se distraire et s'amuser?

N'est-ce pas un fait aussi certain que dans des réunions de jeunes gens venant d'un peu partout, ayant plus ou moins d'éducation, apportant des habitudes déjà acquises, les distractions pourront ne pas toujours avoir le caractère de délicatesse que l'on pourrait cependant désirer?

Tout cela est vrai, et ce qui est vrai encore, c'est que les chambrées appartiennent à ceux qui savent les faire rire et les amuser.

Vous êtes des étudiants chrétiens, vous avez fait votre retraite de départ : rappelez-vous qu'entre autres résolutions de retraite, vous avez pris l'engagement de faire du bien à vos camarades.

Or, n'est-ce pas leur faire du bien que de tarir la source de ces distractions équivoques, colportées dans les casernes par quelques rebuts de faubourg de grande ville, pour les remplacer par des amusements de très bon goût et de parfaite moralité ?

Ces *vieilles recettes* peuvent ne pas être pour vous des nouveautés, mais vous trouverez un avantage à les avoir, groupées ensemble. C'est le moyen le plus sûr de ne pas les oublier.

N'appelez pas temps perdu les heures que vous passerez à apprendre quelques tours. C'est un *apostolat original...* Que voulez-vous ? il en faut bien de tous : « Toutes les charités ne se font pas avec du pain. »

Pour répondre à ceux qui pourraient vous décourager en appelant cela de l'enfantillage, je n'ai qu'à leur dire que, dans plusieurs chambrées que je connais parfaitement, en quelques semaines tous les jeux ont été changés, et cela au grand contentement de tous. Un soldat chrétien, habile en tours de cartes, s'était trouvé là, et, ayant mis en pratique notre système d'apostolat, il avait fini par chasser de la chambrée toutes les conversations et jeux inconvenants.., et personne n'eut l'idée de les regretter.

Quand il venait à l'Œuvre militaire, son escouade volontaire le suivait, et si nos salles eurent quelques succès, nous les devons à *l'original apôtre.*

Faites comme lui, vous réussirez sûrement.

Quelques principes.

1º A une première lecture, les tours de cartes ou d'escamotage paraissent difficiles. On lit et on ne comprend rien. Ne vous découragez pas : lisez et relisez, *les objets en main, opérez à mesure*, et tout doucement le jeu vous rentrera en tête, et vous serez vous-même étonné d'avoir réussi.

2º Bien apprendre le jeu avant de le faire devant les camarades.

3º Ne jamais annoncer ce que l'on a intention de faire, les *loustics* auraient le temps de vous faire échouer.

4º Ne pas trop faire de jeux à la fois; gardez votre sac à malices ; ne l'épuisez pas de suite.

5º Ne révélez pas vos petits secrets. En fait de compères, prenez des soldats chrétiens comme vous; à deux ou trois, on fait des tours ravissants..., et puis on en invente !

6º Pour les petites farces, priez ceux qui ont été mystifiés de n'en pas parler, afin qu'ils aient la légitime satisfaction de voir, le lendemain, d'autres mystifiés et de rire à leur tour.

Nous ne mettons aucun ordre ni transition dans notre pochette : elle se fait humblement votre *canevas :* brodez sur elle. Si P. Guillaume se fait acteur, imitez-le; et s'il ne fait que vous enseigner les tours, essayez de faire ce qu'il vous apprend.

Ce qu'était Pierre Guillaume.

P. Guillaume était un brave garçon, pas prétentieux pour deux liards, qui avait su devenir en peu de temps le *boute-en-train* de la chambrée.

Avant même d'être conscrit, P. Guillaume avait longuement réfléchi au service militaire. D'une intelligence vive et primesautière, avec quelquefois même une petite pointe de malice, il s'était dit que cela *ne suffisait pas de se laisser pardonner par les autres de rester chrétien*, mais qu'il fallait encore prouver qu'on pouvait pratiquer la religion et rire de bon cœur, *qu'on pouvait faire sa prière et n'être pas plus bête qu'un autre*. Il se sentait du reste de taille à rouler les plus malins, et nombreux étaient les tours qu'il avait dans son sac.

Farces innocentes et honnêtes, bien entendu, P. Guillaume n'en connaissait que de ce genre, et jamais, au grand jamais, on n'a pu lui reprocher d'avoir contristé si peu que ce fût un de ses camarades. Mais les murs de la chambrée et les salles de l'Œuvre militaire conser-

vent encore l'écho des éclats de rire qu'il savait
si bien provoquer.

Peu à peu, par sa *bonne humeur, son entrain,
son habitude de rendre service à tous*, P. Guillaume avait acquis une influence énorme sur
ses camarades. Il s'en servait naturellement
pour le bien et sans en avoir l'air : un conseil
par ci, un avis par là, le tout donné avec sa
franchise habituelle. On s'était accoutumé à
l'écouter.

Aussi voyait-on parfois un sourire de contentement s'épanouir sur sa figure, lorsque,
par exemple, le dimanche matin, après une
de ces histoires dont il avait le secret, il disait
tout d'un coup : « *Sur ce, allons à la messe!* »
et qu'il se voyait suivi par une dizaine de camarades.

PREMIÈRE PARTIE

Farces, Problèmes et Mystifications sans danger.

Magnétisme.

Les discussions n'étaient pas rares sur ce sujet.

La cause en était ordinairement les graves révélations faites à un de la chambrée par une somnambule de foire ou de vogue, ou l'affiche-réclame d'un artiste du casino de la localité !

P. Guillaume possédait, en cette occurrence, deux tours qu'il produisait au bon moment.

Il ne disait rien d'abord, laissant les parties s'échauffer peu à peu.

— J'te dis qu'il le fait marcher même quand il ne veut pas.

— Ah! elle est forte celle-là. Je voudrais bien voir qu'il me fasse avancer malgré moi.

— Toi comme les autres.

— Pour sûr que non! Je parierais bien ce que tu voudrais.

P. Guillaume intervenait alors d'un air grave.

— Pas la peine d'aller au casino.

Et regardant fixement l'incrédule :

— Je te parie, moi, de te faire faire ce que je voudrai.

— Allons donc!

— Tu vas monter sur cette chaise, et sans te toucher, je t'en ferai descendre malgré toi.

— Nous allons bien voir.

Le camarade montait droit sur la chaise, P. Guillaume le regardait dans les yeux pendant quelques secondes, puis il disait :

— Je vais faire trois tours autour de cette chaise, avant le troisième, tu descendras.

L'autre souriait, sûr de lui. P. Guillaume faisait alors un premier tour lentement, s'arrêtait un instant, puis en faisait un second et... allait s'asseoir tranquillement sur son lit.

— Et le troisième tour, demandait-on?

— *Je le ferai demain soir*, après la soupe, répondait gravement P. Guillaume, qui naturellement gagnait son pari.

·≫◦≪·

La chaise magnétique (page 16).

Phrase curieuse.

(On peut la lire des deux côtés.)

« *Et consumemur ignis in girum emus nocte.* »

→ o ←

Les trois ânes.

Prenez trois petits carrés de carton de même grandeur. Sur les deux premiers vous dessinez un âne, et sur le troisième vous collez ou vous attachez un petit miroir d'un sou.

Réunissez les trois cartons ainsi préparés par un fil, de manière à former une sorte de cahier, le carton portant le miroir étant le dernier.

Vous offrez ensuite à un brave garçon de lui faire voir successivement trois ânes. Il trouve sans difficulté les deux premiers, et... la tête qu'il contemple dans le miroir forme le troisième.

(Pour que tous puissent être attrappés, prenez chaque *victime* à part.)

→ o ←

Deux places et deux monuments de Paris dans un sou.

— Vois-tu, disait P. Guillaume à un collègue qui rêvait de Paris, ce n'est pas la peine de te déranger : je vais te montrer deux places et deux monuments de la capitale.

Et prenant un sou entre le pouce et l'index :
— Primo, voilà la *Monnaie*.

Puis montrant son porte-monnaie :
— Ça c'est la *Bourse*.

Glissant le sou dedans.
— Tu vois maintenant la *place de la Monnaie*.

Et remettant le tout dans sa poche : Voilà la *place de la Bourse*.

(Ce tour a coûté 20 francs à un de mes amis ; il avait parié que c'était impossible : une fois dans la bourse la pièce prêtée y est restée. C'était du reste pour une bonne œuvre.)

·⟩○⟨·

Trouver le nord avec une montre.

Votre montre étant exactement à l'heure, mettez la pointe de la petite aiguille dans la direction de votre ombre (lorsqu'il y a du soleil), puis, cela fait, tracez une médiane entre le chiffre midi et la pointe de la petite aiguille, la direction de cette médiane vous donne exactement le nord à l'heure quelconque de la journée.

Différences.

Il ne faut jamais se laisser prendre au dépourvu.

— Dis-donc, P. Guillaume, questionne un jour l'esprit fort de la chambrée, toi qui es malin, connais-tu la différence entre un évêque et un âne?

— Bien sûr, et je te la dirai tout à l'heure, mais toi, dis-moi d'abord quelle différence il y a entre un âne et un soldat de ma connaissance?

— ?... Je ne vois pas...

— Eh bien! moi non plus je n'en vois pas!

— Là, ne te fâche pas; pour te consoler, je vais te dire tout de suite la différence qu'il y a entre une glace et toi.

— ?...

— C'est qu'une glace réfléchit sans parler, et que toi tu parles sans réfléchir.

Le saut de la cigarette à pieds joints.

P. Guillaume, nous le savons, n'aimait pas à voir *mécaniser* les *bleus* par les anciens. Un soir que l'ancien Brignoud faisait sa forte tête, P. Guillaume l'interpelle :

« — Dis donc Brignoud, je te défie de sauter à pieds joints cette cigarette que je mettrai à terre.

— Mais, dis donc, crois-tu que j'ai les genoux ankylosés ?

— Je maintiens mon défi.

— Oh ! pour le coup, c'est trop fort, parions dix cigarettes...

— Accepté.

Toute la chambrée veut être témoin du pari. P. Guillaume prend la cigarette et la met... *contre un mur.* « Saute-la maintenant ! » Tête de Brignoud et applaudissements des *bleus* qui étaient vengés !...

Casse-tête mathématique.

Il s'agit de disposer les neuf chiffres 1, 2, 3, 4, 5, 6, 7, 8, 9, dans les neuf carrés de la figure ci-dessous, de telle façon que le total des trois chiffres de chaque ligne verticale, horizontale et diagonale soit égal à 15.

Laissez-les travailler un instant, puis s'ils ne trouvent pas, ce qui est probable, vous leur donnerez la solution.

4	9	2
3	5	7
8	1	6

S'ils ne la conservent pas écrite, il est plus que certain qu'ils l'oublieront, et vous aurez le plaisir d'y revenir dans quelque temps.

—➤○◄—

Le truc de l'araignée.

Pour être bon, il est bon !... Vous ne voyez pas tous les soldats d'une salle courir les uns après les autres pour prendre, qui un pique-feu, qui un papier enflammé pour tuer ou griller cette énorme araignée qui dresse ses pattes horribles entre la fente d'un mur ou près du cadre d'une porte.

« — Ben ! elle est de taille, celle-là !

— Oh ! faut pas la lâcher, au moins !

— Je vas la brûler !

— Non, laisse-moi l'écraser, ce sera plus sûr. »

Devant les coups répétés du pique-feu, du balai ou de la baïonnette, l'araignée tombe les six pattes en l'air... P. Guillaume la ramasse au moment où les pieds s'approchent pour l'achever en la piétinant, il la met dans ses

Le truc de l'araignée (page 22).

mains, horreur!!! il la pend à ses lèvres...
pouah ! tous reculent...

Truo. — (Les pattes de l'araigrée sont trois
épingles à cheveux tordues et arrangées de façon à
simuler le naturel, elles sont reliées entre elles par
un morceau de laine noire à tricoter, qui forme le
corps de la répugnante bête...)
Voyez du reste la gravure ci-contre.

→ o ←

Tables tournantes.

(Ne faisant pas d'aliénés.)

Tracez sur une feuille de papier blanc plusieurs circonférences doubles, triples, qua-
druples, comme vous le voudrez; prenez ensuite
la feuille de papier et imprimez-lui avec la
main un mouvement rotatoire, que vous pouvez accentuer de plus en plus ; faites regarder
les circonférences par ceux qui vous entourent,
ils verront les circonférences tourner à qui
mieux mieux, comme si elles étaient fixées sur
un pivot et détachées du papier. (*Un carton de
tir* peut très bien faire cette expérience.)

→ o ←

Enlever sa force à l'homme le plus fort.

Prenez une règle plate, comme les règles à dessin. Posez-la sur une table en la laissant dépasser du tiers. — Sur la partie qui est sur la table, mettez un journal ouvert — le plus malin en frappant un fort coup de poing sur la partie qui dépasse la table, ne fera pas seulement bouger la règle.

·⋟∘⋞·

La pièce sauteuse.

Placez sur votre tête un quart à moitié rempli d'eau. Ayez également une pièce de 10 centimes sur le bout de votre chaussure. Dites que vous allez la lancer dans le quart qui est sur votre tête — joignez le geste à la parole. — Simulez l'exécution du tour, en ayant soin de laisser tomber la pièce à côté de votre pied — « Manqué! dites-vous.

Vous priez alors un camarade (*ayant bon caractère*), de replacer la pièce sur votre chaussure. Au moment où il se baisse pour ramasser la pièce, vous vous penchez légèrement comme pour bien lui indiquer la place où il faut la mettre. — Ce mouvement accompagné d'une inclinaison de tête fait pencher le quart que vous maintenez avec la main et l'eau tombe sur la tête du trop naïf collègue.

Cacher une feuille de papier.

Vous posez une bougie sur la table, puis vous dites à un camarade de se cacher et qu'il lui sera impossible de trouver une feuille de papier que vous allez escamoter sur la table et qui sera pourtant bien en vue de tous — pour cela *vous pliez la bougie dans une feuille de papier* et la remettez dans le chandelier. — Vous lui dites ensuite de chercher la feuille de papier qui est bien en vue et pas ailleurs que sur la table ; — il pariera qu'elle n'y est pas cachée. — Alors vous la lui montrerez.

L'épingle escamotée.

Prenez ostensiblement une épingle, piquez-la bien légèrement d'outre en outre dans l'épiderme de l'index de votre main droite. (Cette préparation ne fait pas souffrir.)

Approchez alors votre pouce comme si vous teniez l'épingle entre vos doigts, dites que vous allez faire passer cette épingle à travers la table. Simulez de lancer l'épingle contre le dessus de la table en ouvrant la main, et portez vivement cette main sous la table, ressortez-la ensuite en faisant voir l'épingle entre le pouce et l'index.

Avec deux bougies prédire à deux soldats lequel mourra le premier.

Prenez deux bougies, une grande et une petite, mettez-les sous une cloche à fromage, après les avoir allumées. Puis, dites à deux soldats de choisir une des deux bougies ; celle qui s'éteindra la première prédira celui qui mourra le premier.

L'on choisira certainement la plus grande, et c'est cependant celle qui s'éteindra la première. (manquant plus vite d'oxigène que la petite, et, on le sait, c'est l'oxygène qui nous fait vivre).

·➤ o ◆·

Expérience de magnétisme.

Dites aux camarades que vous êtes doué d'un pouvoir surprenant de magnétisme et que vous vous faites fort de faire lever qui que ce soit de dessus sa chaise, par votre volonté et quand il vous plaira.

Pour cela enfilez une aiguille avec un long fil noir, attachez l'extrémité au trou de cette aiguille, puis enfoncez-la dans les pailles de la chaise le trou le premier, et de façon à ce que la pointe ne dépasse pas le siège.

Lorsque le camarade sera assis, après quelques passes magiques, tirez le fil — l'aiguille montera la pointe en haut et piquera le camarade qui se lèvera de lui-même et très vite,

•➤o◄•

Ce que l'on trouve dans une pièce de 10 centimes de l'empire français.

Faites chercher. Il y a de quoi remplir la soirée.

On trouve: *Un arbre*, l'églantier (l'aigle entier) ; des *plumes* (celles de l'aigle) ; un abri pour les fleurs : les *serres* de l'aigle ; mille journaux : *dix cents Times* ; un *détroit* (un des trois Napoléon) ; *deux noms* de baptême, Paul et Léon (Poléon) ; une *nappe* (Nap) ; un *fruit*, la date ; *six ans* ; l'en-haut, l'en-bas, l'en-droit, l'en-vers, l'an de la pièce et puis l'em-pereur ; une *défaite cachée* : Sedan (ses dents cachées par sa barbe) ; la *nourriture* d'un âne : le son que fait la pièce en tombant ; une *rivière*, la Somme de deux sous ; le travail d'un cordonnier : *deux sous liés*, etc., etc. Continuez à faire chercher, il y a d'autres choses encore.

•➤o◄•

Ce que renferme une feuille de papier à cigarettes.

Vous prenez une feuille de papier à cigarettes et après l'avoir pliée dans un de ses coins, vous proposez à vos camarades de leur faire voir dans cette petite feuille des choses très utiles en été.

En effet, cette feuille renferme des choses nullement à dédaigner par un temps de chaleur, faites du sirop avec ses *quatre coings* (coins) ; abritez-vous sous son *peuplier* (un peu pliée) ; maintenant allez vous baigner, mais attention de ne pas vous noyer, parce que vous n'auriez *pas pieds* (papier), mais vous pouvez vous amuser à pêcher... il y a une *raie* sans arêtes.

·➤o◄·

Pour faire rentrer un bouchon dans une bouteille ou une carafe (*sans le toucher avec les doigts*).

Prenez une bouteille ordinaire, mettez dans le goulot un bouchon y entrant à frottements doux, puis tenez la bouteille horizontalement.

Pariez que personne ne pourra faire entrer le bouchon en soufflant même très fort dans le goulot.

En effet, en soufflant le bouchon sort. Il faut pour le faire entrer, *aspirer* et non souffler !

Droite et gauche, conversion !

Montrez un képi sur votre main droite. Un quart dans votre main gauche, dites que vous allez faire passer le képi qui est à droite à la place du quart qui est à gauche, et cela sans que vos mains cessent de tenir les objets.

Rien de plus simple : vous croisez les bras, le képi se trouve alors à gauche et le quart à droite.

·➤◦◄·

Faire entendre le bruit du tonnerre.

Prenez une ficelle un peu grosse, puis faites mettre à quelqu'un une main ouverte sur chaque oreille, la paume de la main tournée contre l'oreille ; passez la corde sur les deux mains en la faisant passer derrière la tête ; ensuite réunissez les deux extrémités de la ficelle (elle doit avoir au moins 50 centimètres de longueur) ; tordez ces deux bouts que vous maintiendrez ensuite avec la main gauche bien tirants, puis avec les ongles du pouce et de l'index restés libres, pincez les deux extrémités de cette corde, en allant de la tête du patient jusqu'à votre main qui tient la corde, et celui-ci entendra très bien le bruit de la foudre.

·➤◦◄·

Défier le plus fort de la chambrée de vous séparer deux doigts.

Fermez tous vos doigts, à l'exception du doigt du milieu de chaque main. Approchèz ces deux doigts de façon à ce que les extrémités se touchent, ensuite que deux amis tirent bien horizontalement chacun un de vos bras (que vous aurez soin de bien serrer contre vous) et l'on sera surpris de ne pouvoir, malgré cela, séparer l'extrémité de vos deux doigts. Ne pas tirer par secousses.

Casser une assiette et la réparer avec un mouchoir.

Prenez une assiette blanche, puis avec un crayon un peu tendre tracez lestement une ligne brisée en forme d'Y, l'assiette paraîtra fêlée ; un coup de torchon enlèvera le crayon.

Un malaise fictif.

Un certain soir, le compagnon de lit de P. Guillaume n'avait pas tout à fait mesuré la

capacité de son gosier, et le surplus de ce qu'i
avait pris avait déséquilibré et la raison e
l'estomac... Aussi, gare aux voisins ! Enfir
l'orage se calma, et P. Guillaume jura de donne
une leçon au voisin malencontreux.

L'occasion ne se fit pas longtemps attendre
trois jours après. c'était, paraît-il, le tour de
P. Guillaume. Les efforts qu'il faisait étaien
surhumains et décrochaient tous les estomacs
de la chambrée — tous, sauf le sien — car ce
n'était pour lui qu'une farce très naturaliste..
Il avait pris un papier un peu cassant et c'es
en le froissant entre ses mains et en mélan
geant ce froissement d'efforts simulés, qu'i
obtint un réel succès, en donnant la nausée à
tous et surtout au voisin.

Celui-ci se plaignait : « Tu vois, lui di
P. Guillaume, que ce n'est pas gai pour le
voisin, et encore avec moi le plancher est reste
sec !... »

Faire tenir contre un mur une baïonnette sans la toucher.

— Parions que je fais tenir contre un mur
cette baïonnette *sans que je la touche.*
— Contre un mur ? En bas ?
— Non, non, au milieu, en l'air.
— Dis donc, tu nous prends pour des courges

Tête de l'autre... (page 34).

— Ben, vous allez voir.

P. Guillaume prend la baïonnette, fait semblant de l'aimanter en l'aiguisant sur un couteau...; de temps à autre il la porte à ses lèvres et fait le geste de s'être brûlé.

« Ah! elle est aimantée. » Vite il l'appuie contre le mur et prie un camarade de se mouiller rapidement le pouce et d'appuyer contre la poignée de la baïonnette... Ce que l'autre fait sans défiance, et ce qui sert à tenir la baïonnette fixée au mur. Alors, Pierre Guillaume triomphant :

— Est-ce qu'elle ne tient pas sans que je la touche?

Tête de l'autre !!! et rires de tous...

Faire une croix avec trois sous.

— Tu deviens assommant avec tes impossibilités... Comment veux-tu que l'on puisse faire une croix avec trois sous?

— C'est cependant très simple. Essayez.

Et tous de faire faire aux sous toutes les conversions et manœuvres possibles... Aucun n'y arive.

Alors, P. Guillaume, d'un air grave et imposant, *prend les trois sous entre le pouce et l'index* et trace une croix sur la table.

— La croix est bien faite avec trois sous,
n'est-ce pas ?

— Malin, va !!

Encore le magnétisme !

(Scène théâtrale.)

Un autre soir, il s'agissait de savoir si le
magnétiseur avait réellement le pouvoir d'en-
dormir son sujet.

Mêmes protestations, mêmes défis. Comme
tout à l'heure, P. Guillaume pariait qu'il en-
dormirait l'entêté.

La mise en scène, plus compliquée, néces-
sitait deux assiettes et deux bougies P. Guillaume courait les emprunter à la cantine,
ayant le soin, avant de rentrer de noircir à
la flamme d'une bougie ou d'une lampe le
dessous d'une des assiettes.

Il allumait ensuite les deux bougies et priait
deux camarades complaisants de les tenir ;
elles servaient du reste qu'à donner plus d'apparence à la scène. Puis il versait un peu d'eau
dans chaque assiette, se campait à cheval à
l'extrémité d'un banc et disait à son *sujet* :

— Tu vas t'asseoir en face de moi et me
regarder bien dans les yeux. Bon! maintenant
prends cette assiette, fais en sorte de ne pas

renverser l'eau, et, toujours sans quitter mes
yeux, tu vas faire tout ce que je ferai.

— Entendu !

— Avec ça, je veux avaler la planche à pain
si tu ne ronfles pas avant cinq minutes.

Et P. Guillaume, maintenant de la main
gauche son assiette à hauteur de la poitrine,
passait un doigt de la main droite sur le bord,
puis se le promenait ensuite sur le visage, se
faisant des *passes* comme les magnétiseurs.
Ses gestes étaient scrupuleusement repro-
duits. Il répétait ce manège plusieurs fois,
descendant vers les pommettes, jusque sur le
menton.

— Regarde-moi toujours, tu commences à
clignoter.

— N'aie pas peur, je ne ronfle pas encore.

P. Guillaume passait maintenant son doigt
sous l'assiette, puis sur son front, d'un sourcil
à l'autre.

Le camarade, qui tenait, comme on l'a
deviné, l'assiette noircie, s'ornait le front d'un
accent circonflexe. P. Guillaume continuait,
et la figure du malheureux se couvrait peu à
peu de tatouages dignes d'un Peau-Rouge.

La scène, interrompue par un formidable
éclat de rire, se terminait bientôt, à moins que
P. Guillaume n'ait prévenu les spectateurs en
cachette, afin de la laisser continuer plus
longtemps.

Le malheureux sujet, non endormi, mais

Le magnétisme efficace (page 35).

ahuri, jurait, en se regardant dans le miroir
d'un camarade complaisant, qu'il ne se ferait
plus magnétiser.

Voyez la gravure ci-contre.

Bons mots et histoires.

Un recueil intéressant et pas cher : faites-le
vous-même, en collectionnant tous les *bons
mots* que vous trouvez, soit dans les différents
almanachs de l'année ou des années précédentes,
(c'est comme le vin, plus c'est vieux, *plus c'est
bon !*), soit dans les journaux illustrés.

Avec ceux que la *Croix de Paris* donne
tous les jours, nous amusions la salle toute
la soirée, parce que le bon mot était répété à
chaque arrivant, on se le repassait ainsi, et les
rires ne s'usaient pas.

La *mimique* n'est pas inutile, elle ajoute de
l'intérêt au débit.

La *France militaire et religieuse* (1) avec ses
variétés, le *Supplément de la Croix de Paris* (2)
dans ses « Poignées d'histoires », donnent des
faits divers dont un narrateur peut tirer profit
et amuser toute une escouade.

(1) 18, rue des Fossés-Saint-Jacques, Paris.
(2) 8, rue François-1ᵉʳ, Paris.

Que de fois P. Guillaume nous a déridés en nous racontant des histoires; il y en avait de « *bêtes comme choux* » qui faisaient rire *à se tordre*; d'autres, au contraire, très édifiantes et dont on ne se lassait pas.

Nous ne pouvons pas, pour le moment du moins, en faire un recueil, mais donnons deux ou trois exemples :

M. le docteur X*** pose pour un fin littérateur... Il ne parle pas comme tout le monde, et ce que d'autres appelleraient originalité, lui il l'appelle le bon ton.

Il prit pour domestique un ex-cuirassier du 8e, ordonnance du capitaine Z.

On est à table. Les convives déplient leurs serviettes.

— *Sers, homme de cheval,* dit le docteur au cuirassier.

— Voilà, Monsieur, répond celui-ci en apportant un plat succulent d'apparence.

Le plat passe, repasse et personne n'y touche.

— Comment, dit le docteur, suis-je donc seul à avoir de l'appétit ?

— Non, mais personne de nous a le croup.

— Comment, le croup ?

— Et oui : N'a-t-on pas annoncé : *Serum de cheval !!!*

Tête du docteur !!!

Vous savez tous cette spirituelle réponse d'une brave femme revenant de Lourdes :

Comme tous les pèlerins à leur retour, elle sentait le besoin de parler de ses émotions. Malheureusement tous les voyageurs n'avaient pas la même dose de piété qu'elle, surtout deux messieurs : un gras et un maigre.

« Dites donc, la mère, interpelle le gros monsieur, vous revenez de Lourdes?

— Oui, Monsieur.

— Vous y avez vu quelque chose? continue le monsieur très maigre.

— Mais oui.

— Auriez-vous par hasard vu la sainte Vierge?

— Mais oui, mon cher Monsieur.

— Et saint Joseph?

— Lui aussi.

— N'y avait-il pas les bergers?

— Si bien, mon cher Monsieur.

— Alors vous avez tout vu?

— Oh ! non, Monsieur, je n'avais pas vu ni *l'âne* ni *le bœuf*, mais maintenant que *je suis au milieu d'eux* je suis satisfaite... »

(Cette brave femme devrait prêter un peu de son esprit à ceux qui sont *timides* devant les impies.)

Un trait dont P. Guillaume a été le témoin :

C'était dans le train de Saint-Etienne à Bas-Monistrol. Il était dans un compartiment voisin de celui où se trouvait un bien digne prêtre d'un âge assez avancé. Ce prêtre était seul et lisait son office.

A la gare de Bellevue, la portière s'ouvre et laisse passer un ouvrier quelque peu *absinthé* qui, en voyant ce curé, s'écrie en entrant : « Ouf! ça sent le *cafard* par là.

— Veux-tu te taire, vieille cruche cassée, lui dit un de mes voisins, commis voyageur, veux-tu te taire, tu sais bien que les *vieux sous* ne passent plus.

— Ah!... » fut toute sa réponse; il ronchonna et s'endormit sans rien plus dire.

———

Qui ne connaît cette jolie scène entre le soldat injustement vexé et le sergent qui avait dû se tromper et manquer d'éducation.

« Dites donc, sergent, si je vous disais que vous êtes peu intelligent, qu'est-ce que vous me diriez?

— Et que je te mettrais au clou.

— Mais si je ne faisais que le penser?

— Alors je ne te pourrais rien.

— Eh bien, sergent, je le pense. »

Et mille autres que vous avez su, et que vous avez eu le tort d'oublier.

Oh! si je rencontrais quelques collaborateurs

du genre de Pierre Guillaume, quelle *Pochette d'histoires* nous ferions ! !

Cela pourra peut-être venir ; patience !

Plus qu'une du Marseillais : « Ceux qui disent qui zont forts, y zont pas forts ; mò ceux qui dizent qui zont pas forts, y zont forts. — *Moò se souis pas fort.*

Etc., etc., etc.

DEUXIÈME PARTIE

Un peu de prestidigitation.

Mouchoir brûlé et raccommodé.

Ne faites pas comme P. Guillaume ; au lieu de mettre le feu au *morceau de chiffon* qui devait donner l'illusion du vrai mouchoir qui brûle, il se trompa et mit le feu à son propre mouchoir. Il ne voulut pas recommencer le tour, tellement il avait peur d'une nouvelle méprise.

Cependant le tour est facile : on tient le chiffon qui doit être brûlé à l'extrémité de la main, et le mouchoir pend au-dessous de la main, paraissant ne faire qu'un avec le chiffon, mais ne dépasse pas la main pour ne pas être en contact avec le feu qui brûle le chiffon et doit respecter le mouchoir.

Deviner la pièce prise sous un képi où il y en a deux.

Mettez sur une table ou un banc une pièce de un franc et une de dix centimes. Couvrez les deux pièces avec un képi, puis priez un de vos collègues d'en prendre secrètement une dans sa main, de laisser l'autre sous le képi, et de vous montrer le dessus de sa main, fermée, qui contient la pièce. Après quelques passes magiques, dites-lui de mettre cette pièce et celle restée sur la table dans le képi ; touchez : *la plus chaude* des deux sera celle qu'il avait dans la main.

—➤ o ◀—

Faire passer au travers d'un banc ou d'une table une croix dessinée (avec du blanc à blanchir les guêtres) sur le plateau du banc ou de la table.

Avant de faire l'expérience, dessinez *sous* le plateau de la table ou du banc une croix ou un chiffre avec le blanc à guêtres ; puis, bien au-dessus (au moment de faire le tour), dessinez soit la croix ou le chiffre ; passez votre main gauche sous la table, appuyez le dos de cette main, fortement, sur le dessin, et en même temps effacez avec la main droite le dessin de

dessus ; montrez alors le dos de votre main
gauche, et faites voir que la croix ou le chiffre
est venu s'imprimer sur votre main en traver-
sant la table.

·❧o❦·

Délier une corde avec laquelle on a les deux mains attachées.

Faites-vous attacher les deux poignets avec
un mouchoir, en disposant vos mains de manière à ne pas être trop serrées. Faites ensuite
passer derrière le mouchoir et entre vos bras
une corde un peu longue, de la
grosseur d'une corde à sauter...
Priez la personne qui a passé
cette corde de prendre un bout
dans chaque main et de s'éloi-
gner. Alors, tirant légèrement sur la corde
pour la tendre et l'appliquer près du mouchoir, vous saisissez cette portion de corde
avec la partie inférieure de vos deux mains,
près de la racine du pouce.

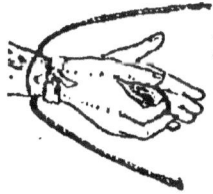

Laissez détendre un peu la corde, et en vous
aidant des doigts vous amenez par le mouvement la partie de la corde que vous avez sai-
sie ; passez d'abord un doigt, puis toute une
main ; tirez sur la corde qui, glissant entre le
dessus de votre main et le mouchoir, s'échappe
sans qu'on puisse se douter du subterfuge, le
mouchoir n'ayant pas été dénoué et les bords

de la corde étant toujours entre les mains de
votre spectateur.

Evidemment, il faut faire aller les mains de
droite et de gauche, afin de dissimuler les
mouvements que vous faites pour vous débar-
rasser de la corde (fig. 1).

·➤o◄·

Faire une machine électrique avec une feuille de papier et un tampon de laine; en tirer des étincelles.

Mettez sur une table ou un banc en bois une
feuille de papier à lettre ou de buvard préala-
blement chauffée, puis avec un tampon de
laine frottez cette feuille qui est appuyée sur
la table; mettez une clef ou un morceau de fer
dessus, prenez ensuite la feuille de papier à ses
deux extrémités, soulevez-la; si un camarade
approche son doigt de la clef, une étincelle
jaillira aussitôt à trois ou quatre centimètres.

La feuille ainsi frottée attire à elle des morceaux de papier ou des corps légers.

Dans l'obscurité, en soulevant la feuille de
papier, il y a de grandes et nombreuses étin-
celles entre elle et la table.

·➤o◄·

Bougie comestible.

On est à table, chacun ayant devant lui sa soupe et sa portion de bidoche.

— Mazette! dit P. Guillaume, il n'y a pas gras aujourd'hui; j'ai encore une faim à manger mes courroies de sac. Heureusement que j'ai un bout de chandelle qui va me servir à me caler les joues. Je vais l'allumer d'abord, vu que le froid c'est indigeste.

Et P. Guillaume exhibe un morceau de bougie qu'il allume gravement. Puis il fourre le tout dans sa bouche, mâche et avale avec une satisfaction évidente, pendant que les spectateurs sentent poindre des nausées.

(Rassurez-vous. La bougie est artistement *taillée dans une pomme* et la *mèche est formée d'un morceau d'amande sèche.* L'imitation est parfaite, et l'huile contenue dans l'amande permet très bien l'allumage, qui, du reste, ne dure pas longtemps.)

La pièce de cinquante centimes récalcitrante.

Ce tour-là ne ratait jamais.

P. Guillaume prenait une pièce de cinquante centimes, et se la plaçait au beau milieu du front. En appuyant fortement, la pièce restait adhérente.

Il comptait alors : Une ! Deux ! Trois !

A trois, par un froncement du front plus énergique, la pièce se détachait et retombait dans sa main.

— C'est pas malin ! disait-on.

— Viens donc le faire, toi, répondait P. Guillaume.

Un camarade s'approchait. P. Guillaume prenait la pièce, mais au lieu de l'appliquer, c'est son pouce légèrement humecté qu'il appuyait fortement sur le front de l'amateur.

Puis il commandait : Une ! Deux ! Trois ! et l'on voyait alors le malheureux se livrer à des contorsions comiques pour faire tomber la pièce *absente.*

.➤o⬅.

La course de deux pièces de dix centimes autour d'un saladier ou d'un chapeau de lampe,

On tient le saladier de la main gauche : de la droite on lance la pièce de façon à ce qu'elle rencontre par sa tranche les parois du saladier. Une fois lancée on agite légèrement le saladier, puis on imprime à la pièce un mouvement giratoire par l'oscillation plus ou moins brusque du récipient.

La pièce absente (page 48).

Ce n'est pas facile à réussir la première fois, mais on y arrive ; l'essentiel est de ne pas se lasser.

On peut ainsi faire courir deux ou trois pièces (quelquefois en sens inverse si on les lance d'abord en sens inverse, l'une de gauche à droite, l'autre de droite à gauche.

Avec ce tour on peut s'amuser toute une veillée.

·•➤◦◄•·

Avaler succesivement trois dragées prises chacune sous un képi et les retrouver toutes les trois sous le même képi, désigné par le spectateur.

C'est très simple : vous placez une dragée sous chaque képi, puis en relevant chacun des képis, vous mangez les dragées.

Vous faites bien voir qu'il n'y a rien sous les képis et vous demandez sous quel képi on veut que les trois dragées soient ensemble.

On vous désigne tel ou tel képi. *Vous le prenez sur votre tête* : les trois dragées sont bien sous ce képi puisqu'elles sont toutes trois dans votre estomac, par conséquent sous votre tête et sous le képi désigné.

·•➤◦◄•·

Fendre une noix en deux en la mettant à terre et en laissant tomber un couteau dessus.

Piquez *légèrement* un couteau un peu lourd au plancher ou à la traverse supérieure d'une porte. Mettez une goutte d'eau au bout du manche. Sur le plancher à l'endroit exact où la goutte est tombée, placez votre noix, donnez une secousse à la porte, le couteau tombera exactement sur la noix et la partagera en deux.

L'œuf nageur.

Proposez à vos camarades de faire tenir un œuf à la surface de l'eau contenue dans un bidon de campement. Nul ne le pourra, et quand ils auront tous essayé, dites que vos mains possèdent un fluide magique et qu'en les mettant dans l'eau le liquide vous obéit.

Vous aurez, alors, dans votre poche, une poignée de sel ordinaire que vous mettrez, sans qu'on s'en aperçoive, dans l'eau du bidon.

Cette eau étant salée fera rester l'œuf à sa surface, ce que les autres n'auront pu faire.

L'œuf incassable.

Vous connaissez le système de le prendre par les deux pôles. Quelquefois on se trompe et les mains appuyant, sans le vouloir, sur les parois plates de l'œuf, le font voler à jet d'eau sur les habits: Mon moyen est plus simple.

Il s'agit d'empêcher de casser l'œuf avec un seau de zinc. Vous riez, croyant la chose possible. Je mets l'œuf dans un *angle de muraille*. Essayez de le casser.

•➤•◄•

Faire entrer un œuf cuit dur
dans une carafe.

Prenez une carafe et un œuf cuit dur; dépouillez ce dernier de sa coquille; introduisez dans la carafe un morceau de papier auquel vous aurez mis le feu. Le morceau de papier brûlant au fond de là carafe, mettez l'œuf sur le goulot, la pointe tournée en dedans et l'œuf, bouchant bien l'entrée, rentrera dans la carafe de laquelle on ne pourra le sortir.

•➤•◄•

Montrer le mouvement de la terre sur elle-même et autour du soleil avec une coquille d'œuf.

Prenez une assiette, puis humectez légèrement les bords; prenez le fond d'une coquille d'œuf (cuit à la coque), mettez cette coquille sur le bord intérieur de l'assiette, imprimez un mouvement de droite à gauche à l'assiette : la coquille tournera autour de l'assiette et sur elle-même. Représentez le soleil avec un peu de jaune de l'œuf au milieu de l'assiette.

—➤◦◄—

Coup de billard.

Placez, dans la largeur d'un billard, les trois billes sur la même ligne, la rouge contre la bande, une blanche à dix centimètres de la rouge et la deuxième bille blanche à dix centimètres de la bande opposée, le tout sur une même ligne droite, perpendiculaire aux bandes.

Dites que c'est un tour d'adresse : qu'il s'agit, en se servant seulement d'une queue de billard, d'envoyer la bille qui est proche de vous, toucher la bille rouge sans que cette bille blanche ne touche les bandes ni l'autre bille.

Vous faites essayer les amis; ils ne peuvent

y arriver. Alors, vous viserez la bille rouge
avec la première bille blanche, que vous frap-
perez *légèrement*, de manière à l'envoyer *lentement* mais *sûrement au but*, et une fois en
route, vous donnerez un coup de queue à la
bille blanche à droite ou à gauche, et la bille
ira toucher la rouge sans toucher les bandes
ni la bille blanche.

→➤◦◄←

Jeux d'adresse au billard.

Puisque nous en sommes au billard, servez-
vous-en un soir où les carambolages et les
quilles à la russe n'auront pas d'amateurs.

Voici deux jeux d'adresse qui peuvent amuser et occuper pendant quelques quarts
d'heure :

1º Mettre les deux blanches chacune dans un
coin ; on joue avec la rouge. Il s'agit de mettre,
au bout de neuf coups, les trois billes dans un
petit cercle tracé à la craie, que vous ferez
plus ou moins petit, selon votre habileté, dans
le milieu du billard. Notez que chaque caram-
bolage et chaque manque de touche comptent
pour deux coups.

2º Mettre une bille éloignée de la bande de
la largeur exacte d'une autre bille. Il s'agit de
faire passer la rouge entre bande et bille sans
toucher la bille placée en avant.

Essayez ! ! !

Le papier peint voleur.

Très joli tour. Prenez deux morceaux de papier peint tout à fait identiques comme couleur et comme dessin ; vous les pliez d'abord en trois dans la longueur, puis en trois dans la largeur ; vous les collez dos à dos par le carré du milieu, de façon à ce que les deux papiers peints, pliés ou dépliés, soient exactement de la même mesure.

Le papier de dessous étant plié, vous dépliez celui de dessus et vous faites placer une carte, puis vous repliez le papier.

Vous comprenez que si vous changez de côté, l'on ne verra plus la carte. Vous obtenez habilement ce changement en élevant au-dessus de la tête le papier, et en baissant le bras. Vous avez tout le temps nécessaire pour opérer le changement du papier, et le papier contenant la carte se trouvant dessous, la carte semble avoir disparu.

--»o«--

Faire brûler une bougie dans l'eau.

Enfoncez un clou à l'extrémité inférieure d'un bout de bougie. La grosseur du clou devra être proportionnée à la longueur de la bougie, de façon que la bougie ainsi lestée puisse flotter dans un verre d'eau, l'eau venant affleurer son bord supérieur, sans toutefois mouiller le bas de la mèche.

Allumez cette mèche, et annoncez que la bougie va brûler d'un bout à l'autre sans s'éteindre, dans ce bougeoir d'un nouveau genre, l'eau et le feu trouvant ainsi le moyen de vivre en bonne intelligence.

Les *malins* attendront avec impatience le moment prochain où, la bougie ayant diminué de longueur par suite de la combustion, la mèche viendra en contact avec le liquide, mais ils attendront ce moment longtemps, car il n'arrivera jamais.

En effet, si la bougie se raccourcit bien en brûlant, *elle devient en même temps plus légère*, et remonte petit à petit dans l'eau, au fur et à mesure de sa combustion, de sorte que toute la bougie brûlera parfaitement jusqu'à l'extrémité de la mèche.

Voilà comment on peut remplacer par un verre d'eau un bougoir absent, et ce bougeoir improvisé aura sur les autres l'avantage de donner *une lumière restant toujours à la même hauteur* (celle du niveau de l'eau), ce qui n'a pas lieu avec les autres bougeoirs, où la flamme baisse à mesure que la bougie diminue.

Faire entrer dans une carafe une pièce de cinquante centimes sans la toucher.

On roule un journal, comme une serviette entourée de son coulant (une serviette ferait bien mieux; mais on n'en a pas à sa disposition). On place ce journal ainsi plié sur le goulot de la carafe.

C'est sur ce semblant de serviette roulée que l'on met *à plat* la pièce de cinquante centimes. En donnant un coup sec au journal, on l'emporte vivement et la pièce tombe dans l'intérieur de la carafe.

(Se méfier des premiers essais, ils sont dangereux pour la carafe, qui est quelquefois emportée à la place de la serviette, et alors on devine les débris à ramasser.)

· ⤐ ● ⪇ ·

Prédiction de l'avenir.

On parlait de somnambule...

— Pas la peine, dit P. Guillaume, d'entrer dans les baraques de la *vogue aux choux*. Je puis vous prédire votre avenir aussi bien que n'importe quel sorcier.

— Tenez, donnez-moi une bague... Je l'attache à un fil, je vais mettre le feu au fil ; si la bague reste pendue au fil en cendres, vous serez heureux toute votre vie.

Le feu est mis au fil et la bague reste pendue. (Applaudissements.)

(Le fil a dû être trempé dans de l'eau saturée de sel de cuisine; une fois le fil sec, vous faites l'expérience et elle réussit toujours, mais il ne faut pas trop secouer le fil, autrement la bague ne serait pas plus solide que... votre bonheur sur cette terre.)

‣ o ‿

Méthode pour faire nager les aiguilles sur l'eau.

Munissez-vous d'un verre quelconque, remplissez-le d'eau et mettez à la surface une feuille de papier à cigarettes; vous prenez ensuite une aiguille, ou plusieurs, peu importe, mais l'essentiel est qu'elles ne soient pas rouillées; placez-lez délicatement sur votre feuille de papier qui, humectée au bout de quelques instants, descendra au fond du verre, et, à la grande satisfaction du public, laissera les aiguilles à la surface. Vous les verrez flotter majestueusement, semblables aux vaisseaux de l'escadre française se rendant à Cronstadt!

‣ o ‿

Cinquante centimes sur le fond intérieur d'une bouteille.

Un soir, pour un motif très futile, plusieurs soldats allaient en venir aux mains, on entend P. Guillaume crier :

— Amis! tenez, faites-en autant! La voyez-vous cette superbe pièce de cinquante centimes, elle trône sur le fond de la bouteille comme un pioupiou sur un rempart.

De bataille il n'en était plus question, tous voulaient essayer.

Par des sauts successifs et toujours violents, la pièce fut remuée et agitée sans jamais se se fixer; de guerre lasse, P. Guillaume leur dit :

— Pas malins! je vais vous le faire voir.

Il prit la bouteille, la pencha, et par de petits coups très légers, successifs et répétés sur le goulot, la fit monter insensiblement, comme si elle était mue par un fil invisible.

Fricotin n'en revenait pas !

•➤◦◄•

Deviner un nombre pensé.

PREMIÈRE MÉTHODE

Prendre la moitié du nombre que l'on a fourni au penseur, et ce nombre est le chiffre qui reste après l'opération. — Exemple :

1º   Pensez un nombre, soit   224
2º   Doublez-le..................   448
3º   Ajoutez **48**..................   48
                                           496
4º   Prenez la moitié du nombre obtenu, soit..................   248
5º   Retranchez le premier nombre pensé.....................   224

Il vous reste **24**, soit la moitié de 48, nombre donné.

DEUXIÈME MÉTHODE

En multipliant par 4 le chiffre restant après l'opération que vous faites faire, vous avez le nombre primitif pensé. — Exemple :

1º   Pensez un nombre.............   16
2º   Doublez-le   32
3º   Ajoutez la moitié du premier nombre, soit..............   8
4º   Divisez le total obtenu par 2, soit   40
5º   Retranchez le premier nombre pensé.....................   16

Il reste 4.

Vous dites : $4 \times 4 = 16$, et 16 est le nombre pensé.

Trouver le total d'une addition de six nombres de trois chiffres.

Faites mettre un nombre, soit......... 347

Vous mettez le deuxième, mais en ayant soin de faire que ce deuxième nombre ajouté au premier fournisse le total 999.

Ce sera donc, dans ce cas............ 632 puisque 347 et 652 font 999.

Le camarade met un troisième nombre, soit 729

Vous mettez par conséquent........... 270

Enfin, faites placer le cinquième nombre, soit................................... 928

Vous mettez. 71

Alors, sans vous tromper, vous pouvez dire que le total est 2997 (3 fois 999 font bien 2997). Le camarade fait l'inspection, et il est tout étonné que vous ayez deviné juste.

Vous pouvez même cacher dans une enveloppe le total avant l'opération : vous verrez *l'épatement* de tous.

·→●◄··

Trouver le produit d'une soustraction de trois chiffres dont vous fournissez le le nombre à soustraire.

Après que l'on vous aura donné le premier nombre de trois chiffres, vous mettez au-dessous votre nombre, en ayant soin que ce nombre fourni par vous soit le *renversement du premier donné.*

Ainsi l'on vous donne........ 453
Mettez..................... 354
Si l'on donne 077
Mettez..... 779

Le produit aura toujours un 9 comme chiffre du milieu, et les deux autres doivent, en les additionant *ensemble* faire 9. Vous demandez donc que l'on vous dise le chiffre de droite ou de gauche, et vous devinez facilement le produit.

→ o ←

Le mouchoir poule.

1º Montrez aux camarades votre mouchoir d'ordonnance des deux côtés afin de prouver qu'il n'existe aucune préparation.

2º Empruntez ensuite le képi d'un collègue que vous montrerez vide ; posez le képi sur la table le fond touchant cette dernière.

3º Pliez le mouchoir en deux et en secouant il sortira un œuf que vous laisserez tomber dans le képi. — Montrez qu'il n'y a plus rien dans le mouchoir, pliez le comme la première fois et il en sortira un autre œuf que vous laisserez tomber comme le premier dans le képi, et, ainsi, autant de fois que vous voudrez.

4° Lorsque vous aurez fait pondre six œufs, lancez le contenu fictif du képi sur les amis.

Préparation. — Attachez à un fil jaune un œuf vide, puis à l'extrémité du fil une épingle qui servira à le fixer au milieu et en haut du mouchoir — pliez votre mouchoir en deux, et laissez glisser l'œuf dans le képi. — Ainsi de suite.

⋅➤ ◦ ⬅⋅

Escamotage d'un sou.

Attachez à un sou, percé sur le bord, un caoutchouc que vous ferez passer par la manche de votre tunique ou de votre veste : vous attacherez l'autre extrémité à un bouton du pantalon, puis, prenant le sou du bout des doigts, montrez-le, prenez une feuille de papier, faites le simulacre d'y plier le sou : pliez l'un des bouts en tenant le sou en place au travers du papier, et, lorsque vous devrez plier l'autre extrémité, laissez le sou libre, le caoutchouc l'entraînera et le fera disparaître.

⋅➤ ◦ ⬅⋅

Faire voyager une pièce de cinq francs ou de dix centimes sur le tranchant de la lame d'un sabre.

Prenez une pièce de cinq francs et un bouton de bretelle de fusil ou à défaut de ce dernier une jumelle de devant de chemise.

Collez avec un morceau de cire jaune à parquet ce bouton contre le milieu de la pièce de cinq francs.

Prenez le sabre, mettez la gorge formée par le bouton sur le tranchant de la lame — en inclinant plus ou moins cette dernière : la pièce roulant d'un bout à l'autre de la lame semblera à deux ou trois mètres rouler elle-même en se tenant en équilibre.

Le képi magnétique.

Dans la chambrée, plusieurs, revenant de permission, avaient oublié de laisser à la porte de la chambrée les vapeurs de l'alcool qu'ils avaient par trop ingurgité... les têtes chauffées ne laissaient pas les langues calmes, et l'on parlait et l'on riait de tout ce dont il n'aurait fallu ni rire ni parler.

P. Guillaume, lui, paraît « quasiturne et moins rose » (taciturne et morose), comme dit Gourdafiole, bien sûr qu'il cherche un de ses trucs. — Bon, il se relève ! Quoi qui va machiner, murmure Latrouille, presque épouvanté Il prend deux képis, qu'il suspend après une corde dont une extrémité est fixée à son pied et l'autre est tenue par sa main.

« Képi magnétique, s'ils ont bu, descends. » Et le képi descend.

« Vont-ils me laisser la paix et terminer leurs bêtises. » Le képi descend toujours (signe affirmatif).

« Sont-ce de mauvais enfants ? » Le képi, ne descendant pas, dit qu'ils sont bons, et tous d'applaudir...

(Faut-il dire le truc ? La corde qui passe au milieu des deux képis passe par *un petit tube creux et recourbé* que les képis cachent. Lorsque la corde est tenue *raide*, les képis ne bougent pas ; ils descendent, au contraire, à mesure que les mains laissent un peu fléchir la corde.

••━••

Cinquante centimes traversant la table.

On prend un mouchoir de la main gauche, on demande une pièce de 0 fr. 50. on la met dans le mouchoir qu'on reprend de la main droite... puis on met un verre dessous la table, on secoue le mouchoir et la pièce de 0 fr. 50 traverse la table, puisqu'on l'entend tomber dans le verre.

Solution. — *Une pièce est cousue à un coin du foulard*, et c'est celle-ci que l'on fait toucher après avoir mis dans sa main la vraie pièce. La main gauche tenant le verre, il est facile de la faire tomber dans le verre.

••━••

D'un seul coup de ciseau faire une croix avec un piédestal, un rétable d'autel et deux cierges allumés.

Apprenez ce jeu architectural; plus tard vous pourrez récréer vos petits-neveux, et en leur disant que vous avez appris ce coup de ciseau à l'œuvre militaire, vous leur donnerez l'envie d'y aller.

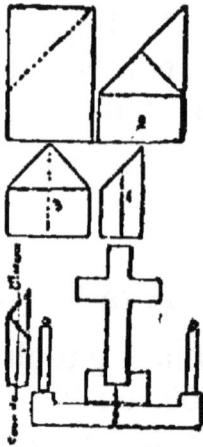

Pour réussir ce tour, servez-vous d'une feuille de papier rectangulaire que vous plierez suivant le pointillé du modèle (fig. 2). Une fois votre papier plié soigneusement, vous le découpez comme l'indique le modèle, et en dépliant les morceaux vous trouvez les objets demandés, y compris les deux flammes des cierges.

◦

La pièce soluble.

Procurez-vous un morceau de cristal exactement pareil comme forme et comme épaisseur à une pièce de cinq francs en argent.

Choisissez ensuite un verre taillé à pied dont

le fond intérieur ne soit pas sensiblement plus grand de diamètre que cette pièce.

En prenant le foulard sur la table, emparez-vous de la pièce de cristal que vous maintenez à l'empalmage dans le creux de la main droite.

— Dans le milieu de ce foulard, je placerai la pièce qui vient d'être marquée (fig. 2 bis).

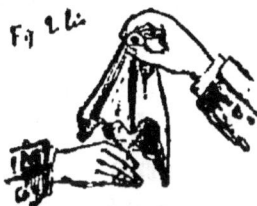

Exécutez ce que vous dites, mais au lieu d'y mettre la pièce prêtée et marquée, mettez-y la pièce de cristal et conservez la pièce d'argent dans le creux de votre main. Ce changement s'opère pendant que la main est cachée par les plis du foulard.

— Je vais prier le soldat qui a déjà le verre d'eau de tenir aussi la pièce à travers le foulard qui la recouvre avec la main qui est encore libre.

De cette façon, ayant les deux mains embarrassées, il n'aura pas l'envie ou du moins la possibilité de regarder dans le foulard.

Je commence... Une .. deux... trois! (On entend le choc de la pièce dans le verre.) Enlevez le foulard, maintenant !... La pièce qui était dissoute se volatilise immédiatement, et vous ne devez plus rien avoir dans le verre.

Le soldat qui a opéré d'après vos indications regarde au fond du verre et est fort étonné de n'y rien voir ; en effet, la pièce de cristal ne peut être aperçue.

Autres tours d'escamotage.

Pierre Guillaume avait bien d'autres tours d'escamotage : la *boîte à la carte*, le *coffret à secret*, les *sept boîtes*, l'*Argus*, les *gobelets*, les *soucoupes*, les *différentes boîtes à la pièce*, les *sous au dé*, *l'omelette dans le képi*, la *pièce de 5 francs disparaissant* dans une serviette (ou dans un bas), etc., mais la plupart de ces tours nécessitent l'emploi d'instruments spéciaux, et l'on comprend très bien qu'il ne pouvait pas transformer son sac en un magasin de prestidigitation.

Si les tours développent en vous le désir d'augmenter votre habileté et de la faire servir à distraire les membres des œuvres de jeunesse ou des œuvres d'enfants, vous trouverez un choix très varié d'objets de physique chez M. de Vere, 39, rue de Trévise, à Paris.

Dans le cas où Messieurs les Directeurs d'œuvres auraient besoin de quelques conseils pour éclairer leur choix dans l'organisation d'un petit cabinet de physique amusante, l'auteur de la Pochette se met avec plaisir à leur disposition.

(Adresser les lettres : à l'auteur de la *Pochette de Pierre Guillaume*, chez Vitte, 3, place Bellecour, Lyon).

Les tours de cartes (page 71).

TROISIÈME PARTIE

Les tours de Carte.

Les tours de prestidigitation faits avec les cartes sont très variés et toujours très intéressants. C'est là surtout qu'il importe de ne pas se lancer sans être devenu habile dans le saut de coupe.

Pendant que vous vous y exercerez en suivant les principes de la page 12, amusez-vous à à faire ces premiers tours qui demandent moins de dextérité dans les doigts.

TOURS OU LE SAUT DE COUPE N'EST PAS NÉCESSAIRE

Deviner les points des cartes de dessous trois tas que l'on a fait faire.

Dites à une personne de choisir, à sa volonté, trois cartes dans un jeu de piquet, en la prévenant que l'as vaut onze points, les figures dix, et les autres cartes selon les points qu'elles marquent ; lorsqu'elle aura choisi ces trois cartes, dites lui de les poser sur la table, et de mettre au-dessus de chaque tas autant de cartes qu'il faut de points pour aller jusqu'à quinze ; c'est-à-dire, par exemple : elle mettra huit cartes au-dessus du sept, quatre cartes au-dessus de l'as et cinq au-dessus du dix. Faites-vous remettre le restant des cartes, et comptez (en faisant semblant d'y examiner autre chose) *combien il en reste ; ajoutez seize à ce nombre*, et vous aurez le nombre des points des trois cartes de dessous.

Disposer les **douze figures** et les **quatre as** d'un jeu de cartes de manière que, placés sur quatre rangs, on ne trouve dans chaque rang ni **deux cartes de même valeur**, ni

deux d'une même couleur, soit qu'on les prenne dans une des lignes horizontales ou dans l'une de celles perpendiculaires.

Formez une ligne diagonale de gauche à droite avec les quatre as ;

Formez ensuite une autre ligne diagonale, mais de droite à gauche, avec les quatre valets, croisant la première ligne des as.

Cela fait, mettez un roi et une dame dans chacun des carrés vides qui sont à remplir pour compléter le carré ou les quatre rangs, comme dans la figure ci-dessous en ayant soin de choisir les couleurs et de placer les cartes conformément à la donnée du problème.

As de trèfle	Dame de cœur	Roi de pique	Valet de carreau
Dame de carreau	As de pique	Valet de cœur	Roi de trèfle
Roi de cœur	Valet de trèfle	As de carreau	Dame de pique
Valet de pique	Roi de carreau	Dame de trèfle	As de cœur

Cartes changées de couleur.

On peut se procurer dans le commerce et moyennant quelques sous, les cartes nécessaires pour ce tour. Voici toutefois la manière de les préparer soi-même :

On décolle les vignettes de quatre cartes rouges par exemple (en les faisant tremper dans l'eau ou autrement), et on les coupe en deux morceaux suivant une diagonale et *dans le sens indiqué.*

On colle ensuite les morceaux à leur place respective sur des cartes noires et de même point ; par exemple le morceau du huit de carreau sur le huit de pique, et ainsi de suite. On peut tout aussi bien se servir de figures. Le collage doit être effectué de manière à avoir le moins d'épaisseur possible. On aura ainsi quatre cartes mi-parties rouges et noires. On place dessus une cinquième carte ordinaire.

En ouvrant ces cinq cartes en éventail, on n'aperçoit que les parties noires.

En fermant l'éventail et en l'ouvrant par l'autre bout, ce sont les parties noires qui sont cachées et les parties rouges qui deviennent visibles, la seule carte vue entièrement étant toujours celle qui n'a pas subi de préparation. On peut donc faire croire que la couleur des quatre autres cartes a été subitement changée.

Le 8 de de trèfle et le 8 de pique remontant au-dessus du jeu.

Prenez à la main le 7 de trèfle et le *8* de pique. Recouvrez le 7 de trèfle par le 8 de pique : vous aurez l'illusion d'avoir le 8 de trèfle et le 8 de pique (l'en-bas du 7 de trèfle étant couvert par le 8 de pique, on croira que le huitième trèfle est caché par la carte supérieure). Vous mettez ces deux cartes au milieu du jeu.

Puis sans presque toucher le jeu, afin d'ôter toute idée du saut de coupe, vous frappez un petit coup sur le jeu, et, prenant les deux cartes de dessus, vous faites croire que ce sont les mêmes qui sont revenues. Ces deux cartes sont en réalité le 8 de trèfle et le 7 de pique, mais vous les montrez de façon à ce que, comme plus haut le 7 soit caché par le 8, et vous les aviez auparavant placées sur le jeu.

·─➤○◄─·

Faire diviser un jeu de cartes en deux paquets et deviner la carte qui est sur l'un des paquets, en regardant celle qui est sur l'autre.

Prenez un jeu de cartes que vous faites battre, puis battez vous-même en vous arrangeant de façon à connaître *la carte du dessus*

Posez le jeu sur la table et priez une personne de le couper en posant le paquet supérieur de son côté.

Ceci fait, annoncez que vous allez deviner la carte qui est sur le premier paquet (carte que vous connaissez déjà), que je suppose être l'as de cœur, en regardant celle qui est sur le second paquet.

Regardez en effet celle du deuxième paquet, que je suppose être le valet de pique; annoncez alors que l'as de cœur est sur le premier paquet.

Remettez le deuxième paquet sur le premier, le valet de pique sera dessus; faites couper comme précédemment, regardez alors la carte du deuxième tas (supposons valet de cœur), et nommez le valet de pique comme étant placé sur le tas qui est près de votre adversaire; replacez votre paquet sur le sien, le valet de cœur sera dessus.

Vous pouvez continuer ce tour plusieurs fois, mais il serait mieux de ne le faire qu'une seule fois, pour ne pas éventer le truc.

·→•◄·

La carte choisie.

Prenez un jeu de cartes, remettez-le à un camarade en lui disant d'en choisir une; faites-la lui remettre dans le jeu, battez le jeu et dites-lui que vous allez faire passer cette carte, sans la connaître, dans le képi qu'on vous désignera. Mettez le jeu en entier dans le képi, la carte s'y trouvera tout naturellement, puisqu'elle est parmi toutes les autres.

◦▸◦◂◦

Rouge ou noire.

Etalez les cartes du jeu sur la table (les figures tournées vers le bois); dites à un camarade de choisir une carte de la couleur qu'il désignera lui-même d'avance, soit rouge, soit noire. Faites quelques passes cabalistiques et dites : « Prends, je te prie. » Si la carte choisie est de la couleur demandée, vous passez à un autre camarade ainsi de suite, et lorsqu'il arrivera que ce sera une autre couleur que celle désignée, dites : « Comment, tu as une rouge au lieu d'une noire ! C'est impossible !... Je t'avais dit de *choisir*, prends-en une autre ; tu as eu tort de ne pas regarder et de prendre le contraire de ce que tu voulais. »

◦▸◦◂◦

Cartes retrouvées couleur par couleur.

Un vrai casse-tête chinois.

P, Guillaume prenait le jeu et il arrangeait les cartes dans cet ordre suivant :

```
     1      2      3      4
```

Pique, cœur, trèfle, carreau. C
Carreau, pique, cœur, trèfle,
Trèfle, carreau, pique, cœur,
Cœur, trèfle, carreau, pique. B
Pique, cœur, trèfle, carreau,
Carreau, pique, cœur, trèfle,
Trèfle, carreau, pique, cœur. A

Il ramassait ensuite les cartes dans le sens de la colonne A B C, en commençant par la colonne 4 qui restait dessus, puis par la 3e, 2e et 1re. Il faisait couper et, mettant les cartes dans l'ordre où elles arrivaient, il les retournait, et toutes celles de même couleur étaient ensemble.

Il faisait faire le même jeu à un premier camarade, puis à un second et même à un troisième, puis, prenant le paquet de cartes, il les brassait en mettant au défi de refaire le tour.

Tous s'y essayaient sans pouvoir réussir.

C'est que P. Guillaume avait réussi en ne *prenant que 28 cartes*, et pour empêcher le tour, il avait remis les 4 cartes supprimées, soit une de chaque couleur.

Cartes retournées.

Les figures des cartes sont symétriques, c'est-à-dire que les deux côtés sont absolument semblables, elles n'ont ni haut ni bas. Si donc une carte (roi, dame ou valet) est posée sur une table, il semble impossible à une personne non présente de s'apercevoir que ces cartes ont été changées de bout. La chose est cependant facile ; la figure est, en effet, encadrée par une mince ligne noire qui laisse en haut et en bas une marge *toujours inégale*.

Vous disposez donc 3 ou 4 cartes sur la table, en examinant soigneusement de quel côté sont les plus grandes marges. Puis, vous tournez le dos en priant un camarade de retourner telle ou telle carte qu'il voudra.

Vous n'aurez qu'à examiner les marges pour reconnaître de suite les cartes qui auraient été changées de place.

∙➤ o ⪡∙

Faire 3 paquets de cartes, en tirer une de chacun d'eux en la nommant sans la regarder.

Vous faites 3 paquets

| 1 | 2 | 3 |

d'un nombre quelconque de cartes. Vous en tirez une du paquet 3 en disant : Je prends le

7 de pique; puis une du paquet 2 en annonçant : le 8 de trèfle; enfin une du paquet 3 en l'appelant : le valet de carreau. Cela doit être fait sans lenteur. Vous montrez ensuite les 3 cartes en faisant constater que ce sont bien celles que vous avez nommées avant de les voir.

Le truc est simple. Vous avez regardé, sans qu'on s'en aperçoive, la carte de dessous (ou de dessus) du paquet n° 1, qui est par exemple le 7 de pique. C'est ce nom que vous donnez à la carte quelconque que vous tirez du paquet 3. Vous regardez celle-ci furtivement après l'avoir tirée, et vous donnez son nom à la carte tirée du n° 2. Enfin vous donnez de même le nom de cette dernière à la carte prise sous le paquet n° 1. Les trois cartes que vous avez tirées sont bien ainsi celles que vous avez nommées.

Faire tirer une carte et la faire deviner au premier soldat venu.

Faites prendre une carte forcée (le roi de cœur, par exemple) ; faites remettre cette carte dans le jeu, puis par le saut de coupe amenez sur le jeu la carte prise que vous allez faire deviner au soldat désigné.

Il dira qu'il n'en sait rien, mais dites-lui que malgré lui il va la deviner. Pour arriver à ce résultat, posez les questions suivantes, que vous varierez en dernier suivant la réponse du soldat.

Nous avons supposé que c'était le roi de cœur :

« Dans un jeu de trente-deux cartes, il y a seize rouges et seize noires... Lesquelles prenez-vous ?

— Les noires. (Les réponses sont supposées aussi, mais nous verrons plus loin qu'elles n'ont aucune influence sur le résultat final.)

— Bien. Vous *prenez* les noires et vous me *laissez* les rouges. Parmi ces rouges, il y a les carreaux et les cœurs ; lesquels *prenez*-vous ?

— Les cœurs.

— Vous *laissez* les carreaux et vous *prenez* les cœurs. J'en conclus que la carte choisie doit être du cœur.

— Maintenant, dans une série de cœurs, nous avons l'as, le roi, la dame et le valet, que je nommerai les cartes hautes, puis le sept, le huit, le neuf et le dix ou cartes basses... Lesquelles *prenez*-vous ?

— Les hautes.

— Vous *laissez* les basses et vous *prenez* les hautes. Dans ces cartes, nous avons l'as et le roi que j'appellerai les fortes, le valet et la dame que j'appellerai les faibles. Lesquelles *prenez*-vous ?

— Les faibles.

— Vous *prenez* les faibles et vous *laissez*

les fortes, c'est-à-dire l'as et le roi. Lequel *prenez*-vous des deux ?

— L'as.

— Vous *prenez* l'as et vous me *laissez* le roi. C'est donc un roi qui a été tiré, et comme nous avons su tout à l'heure que le point de cette carte était le cœur, j'en conclus que c'est le *roi de cœur* qui a été pris dans le jeu.

Tout le talent consiste à jouer avec les deux mots prenez et laissez qu'il faut mettre, selon le besoin, au commencement ou à la fin de la phrase, et s'arranger pour nommer toujours au bout la série de cartes dans laquelle se trouve celle qu'on doit faire deviner.

•→•◦•◄•

Ayant fait prendre une carte, qu'on aura remise dans le jeu et mêlée, la donner au nombre qu'on voudra.

En faisant remettre dans le jeu la carte qu'on a fait prendre, on met le petit doigt, non pas précisément sous la carte, mais sous celle d'après, de sorte qu'ayant fait sauter la coupe, la carte prise se trouve la deuxième en dessous.

Vous mêlez réellement toutes celles de dessus, avec la précaution de ne pas déranger les deux dernières qui sont sous le jeu.

Demandez alors à quel nombre on veut que

la carte mêlée se trouve. Le nombre étant désigné, vous donnez d'abord la carte qui est la première en dessous, en comptant une. Dans ce moment, vous faites glisser la carte suivante, qui est celle qui a été prise, et continuant de compter en prenant les cartes qui viennent après celle qu'on a prise, vous comptez jusqu'à l'avant-dernier nombre qui doit être la carte demandée : alors vous glissez sur le paquet la carte prise et que vous aviez retenue et vous la faites prendre par le camarade.

Les vingt cartes.

Prenez vingt cartes, en les mettant deux à deux, sur la table, dites à plusieurs personnes d'en retenir chacune deux, c'est-à-dire les deux cartes d'un des dix tas que vous avez faits ; reprenez ensuite tous les tas, mettez-les les uns sur les autres sans les déranger, et disposez les cartes sur la table par la règle de ces quatre mots :

M	u	t	u	s.
1.	2.	3.	4.	5.
d	e	d	i	t.
6.	7.	8.	9.	10.
n	o	m	e	n.
11.	12.	13.	14.	15.
c	o	c	i	s.
16.	17.	18.	19.	20.

Le premier tas des deux cartes se met aux
numéros 1 et 13, le second aux numéros 2 et
4, le troisième aux numéros 3 et 10, et ainsi
de suite suivant l'ordre des deux lettres qui
sont semblables. Vous demandez dans quelle
rangée horizontale se trouvent les deux cartes
pensées : on vous dit par exemple, qu'elles
sont dans la deuxième rangée, vous retirez
celles placées aux numéros 6 et 8.

Si l'on vous dit qu'elles sont au second et au
quatrième rang, vous voyez de même que ce
sont celles placées 9 et 19, attendu que ces
quatre mots sont composés de vingt lettres
dont chacune se répète.

* * *

Deviner la couleur des cartes au toucher avec ou sans compère.

Rien de plus simple ; vous avez dans le
creux de la main un tout petit miroir concave.
Vous tenez les cartes face au miroir, en prenant celle de dessous il vous sera facile de la
deviner, puisque le miroir vous la reflète
exactement.

Autre moyen plus simple : Prenez un com-
père et entendez-vous ensemble sur tel ou tel
signe qui désignera la couleur de la carte (cigarette de tel ou tel côté des lèvres, main
mobile ou immobile, etc., etc.).

Manière de faire passer une carte d'une main à une autre.

Vous prendrez deux as, l'un de pique et l'autre de cœur ; vous appliquerez sur celui de pique un point de cœur, et sur celui de cœur un point de pique, ce qui se fera facilement par le moyen d'une carte de cœur ou de pique, que vous dédoublerez et découperez ensuite avec dextérité, pour que le point soit bien net; vous frotterez légèrement, avec un peu de savon, le dessous de votre pique ou de votre cœur découpé; vous poserez le point de cœur sur l'as de pique, et le point de pique sur l'as de cœur ; vous aurez soin de les couvrir hermétiquement, et de faire tous ces préparatifs avant de commencer vos expériences.

Vous séparerez votre jeu de cartes en deux paquets, et vous poserez sous chaque paquet vos deux as ainsi préparés ; vous prendrez ensuite de la main droite le paquet sous lequel sera l'as de cœur, et de la gauche celui où se trouvera l'as de pique.

Vous ferez voir à toute l'assemblée que l'as de cœur est à droite et l'as de pique à gauche; quand tout le monde en sera convaincu, vous direz : Je vais commander à l'as de cœur, qui est à droite, de passer à gauche, et à l'as de pique de prendre sa place ; vous passez alors votre petit doigt sur chacun de vos as pour enlever le point que vous y aviez collé, et vous recouvrez les deux paquets chacun par un képi. Vous les découvrez en montrant que le changement s'est opéré.

· ꙮ ·

Cartes rouges et noires.

Divisez les trente-deux cartes de façon à mettre les seize noires et les seize rouges ensemble.

Faites prendre une carte dans le paquet que vous savez être les noires... puis en faisant semblant de mêler les cartes, présentez-les de façon à ce que forcément on mette les cartes tirées dans le paquet des rouges.

En brassant quelques cartes du haut et du bas vous ne changez pas le placement des rouges et des noires. Or, il est facile en voyant *la seule carte noire égarée dans les rouges* de deviner la carte tirée...

Si l'on vous demande à voir le jeu, ayez soin de vite mélanger les cartes pour que votre truc ne soit pas découvert et que vous puissiez le refaire un autre jour,

·ꙮ·

Tours peu difficiles où le saut de coupe est nécessaire. Comment on fait le saut de coupe.

Tenir le jeu dans la main gauche (*fig. 3*).

Le diviser en deux par le petit doigt de la main gauche,

Le couvrir de la main droite qui saisit le paquet inférieur en l'appuyant contre le pouce gauche de manière à pouvoir le faire pivoter de droite à gauche (*fig. 4*).

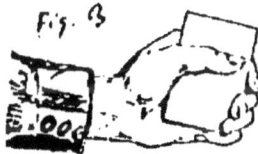

Le paquet supérieur est saisi en même temps entre le petit doigt et les deux suivants de la main gauche de manière à pouvoir le faire tourner de gauche à droite.

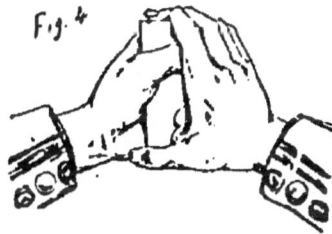

Ouvrir largement la main gauche et la refermer, en faisant pivoter en même temps les deux paquets, à la façon de deux volets et de manière que celui de dessus vienne en dessous et réciproquement.

Rejoindre les paquets, la coupe est sautée.

Carte forcée.

Vous prenez le jeu de cartes, vous le brassez bien, puis vous rappelant la *carte de dessous*, par un saut de coupe vous la ramenez au milieu *sans la perdre de vue*, et tout en faisant semblant de brasser les cartes, vous la présentez au spectateur. C'est très rare qu'il ne prenne pas celle que vous lui offrez.

•➤o◀•

Cartes longues.

Si vous coupez légèrement, du côté de la tranche longue, chaque carte d'un jeu, vous pouvez mettre dans ce jeu, préparé ainsi, la carte d'un jeu non coupé. Cette carte non coupée sera ce qu'on appelle la carte longue, et elle vous servira à faire de très jolis tours.

•➤o◀•

Cartes coupées un peu en biseau dans leur longueur.

Il faut avoir un jeu de cartes, qui, par le haut, soit coupé d'une ligne plus étroite que par le bas. Toutes les cartes paraissent égales lorsqu'elles sont dans le sens de leur coupe, mais si on en déplace une, deux, trois, pour les retourner de haut en bas, il est sensible qu'elles formeront des inégalités, et ce sont ces inégalités qui font reconnaître les cartes choisies. Par exemple, on fait tirer à une première personne une carte dans ce jeu, et on observe attentivement si elle ne la retourne pas dans sa main; si elle la remet comme elle l'a tirée, on retourne le jeu, afin que la carte tirée se trouve en sens contraire : si elle la retourne dans la main, on ne retourne pas le jeu. La carte ayant été remise, on donne à mêler, après quoi on fait tirer, une seconde et même une troisième carte, en observant les mêmes précautions; après quoi, prenant le jeu du côté le plus large entre les deux doigts de la main gauche, on tire successivement avec ceux de la main droite les cartes qui ont été choisies par ces trois différentes personnes.

On peut, avec un pareil jeu, séparer d'un seul coup toutes les couleurs rouges des cartes noires ou les figures des basses cartes, quoiqu'elles aient été bien mêlées; il ne s'agit pour cela que de disposer la couleur rouge ou les peintures de façon que le côté le plus large soit tourné du côté le plus étroit des autres cartes. On fait voir le jeu, on le donne à mêler; alors, serrant le jeu avec chaque main par ses deux extrémités, on en sépare d'un seul coup les deux couleurs, ou les cartes blanches d'avec les figures.

Carte large ou longue et récréations amusantes qu'elle facilite.

Cette carte est d'un secours infini dans un jeu pour faire plusieurs récréations amusantes; nous ne parlerons ici que de quelques-unes.

1° On fait tirer adroitement à une personne cette longue carte que l'on connaît, et on lui donne le jeu à mêler ; ensuite on propose ou de lui nommer sa carte, ou de la couper, ou de reconnaître, au tact ou à l'odeur, si elle a été remise ou non dans le jeu ; ou enfin de mettre le jeu dans la poche de quelqu'un de la compagnie, et de la prendre dans la poche. Comme c'est la seule qui déborde du jeu, il est aisé de la reconnaître au tact. On peut faire tirer cette même carte longue à différentes personnes tour à tour, pourvu qu'elles ne soient point l'une auprès de l'autre ; après avoir bien mêlé le jeu, on tire la carte longue, accompagnée d'autant de cartes qu'il y a de personnes qui l'ont tirée ; on montre alors toutes ces cartes en demandant, en général, si chacun y voit la sienne.

Nommer quelle est la carte qu'une personne a tirée d'un jeu.

On fera tirer adroitement à une personne une carte plus large que les autres, qu'on aura mise dans le jeu, et que l'on connait ; on lui donnera le jeu à mêler après qu'elle y aura mis elle-même sa carte, et on lui proposera de nommer sa carte, ou de la couper, et, selon sa réponse, on agira en conséquence.

Les quatre rois inséparables.

Mettez les quatre rois sous le jeu, et glissez avec adresse deux cartes quelconques au-dessous ; alors retirez ces cartes comme si elles étaient des rois, et placez-les indifféremment dans le jeu ; placez un roi dessus, et coupez : nécessairement les quatre rois se trouveront ensemble. On rend également indivisibles les quatre dames, les quatre as, etc.

Quatre as réunis ensemble.

Le saut de coupe sert à faire des tours aussi nombreux que variés.

Un des plus faciles est le suivant :

Donnez les quatre as à quatre personnes. Vous tenez le paquet de la main gauche et vous faites placer un as *au-dessous* du jeu et un autre *au-dessus*.

Pour détourner l'attention vous demandez si les deux as qui restent sont rouges ou noirs, et pendant ce temps vous faites sauter la coupe.

Par ce saut de coupe, les deux as qui étaient aux deux extrémités du jeu deviennent les deux cartes du milieu, et c'est précisément au milieu de ces deux cartes que vous faites placer les deux as qui restent.

Vous faites couper ; vous donnez le jeu et l'on retrouve les quatre as ensemble : Preuve, dites-vous, de l'union qui existe entre les cœurs des soldats de la chambrée.

✦➤○◄✦

Deviner la carte pensée.

1º Eparpillez les cartes dans la main droite,

de manière qu'en les montrant au spectateur, elles paraissent comme dans la figure 5, c'est-à-dire que toutes les cartes doivent être cachées les unes par les autres, excepté le roi de pique qu'on doit bien voir par la tête, sans que les doigts ou les autres cartes y mettent aucun obstacle ;

2º Quand vous les aurez ainsi étalées à dessein, mais de manière à ce que cela paraisse fait au hasard, montrez-les à un seul spectateur, en le priant d'en penser une ; et dans cet instant, ayez soin de remuer un peu la main, en décrivant un arc de cercle de droite à gauche, pour que le spectateur ait les yeux frappés par *le roi de pique*, sans s'apercevoir que les autres cartes sont cachées les unes par les autres ;

3º Mêlez les cartes réellement ou en apparence, mais ne perdez pas de vue le roi de pique, pour le mettre ensuite sur la table, la figure en dessous ;

4º Dites à celui qui a pensé une carte que celle qu'il a eu dans l'idée est actuellement sur la table, et priez-le de la nommer ;

5º Si l'on nomme le roi de pique, tournez-le aussitôt pour faire voir aux spectateurs étonnés que vous avez deviné la carte pensée ;

6º Si la carte pensée n'était pas celle que vous avez préparée, dites que le fluide n'a pas été assez fort, ou a été contrarié par des pensées hésitantes, et refaites un autre tour par le saut de coupe ou tout autre jeu, le même ne réussirait pas une seconde fois.

Après avoir fait trois tas d'un jeu dans lequel on a fait tirer une carte, la faire trouver dans celui d'entre eux qu'on voudra choisir.

Il faut donner à tirer la carte longue, la faire remettre dans le jeu, et faisant sauter la coupe, la mettre par ce moyen la première au-dessus du jeu ; on fera ensuite trois tas, en observant de mettre celui où est la carte tirée au milieu des deux autres, attendu que c'est ordinairement pour celui-là qu'on se détermine : on demandera alors dans lequel de ces trois tas on désire que se trouve la carte tirée, si on répond : *dans celui du milieu*, on la fera voir aussitôt, en la retournant ; si au contraire on la demande dans l'un des deux autres tas, pour lors on prendra le jeu dans la main, et on mettra le tas dans lequel on l'a demandée, sur les deux autres, en *observant de poser le petit doigt entre ce tas et celui du milieu* (au-dessus duquel est la carte demandée), *afin de pouvoir faire sauter la coupe à cet endroit ;* on demandera de nouveau à quel nombre on la veut dans le tas qu'on a choisi, et si on répond la *sixième*, on comptera et on ôtera cinq cartes de dessus le jeu, et faisant aussitôt sauter la coupe, on montrera la carte qui a été tirée, laquelle se trouvera être la sixième.

Faire changer une carte en divers objets.

Ayez un jeu de cartes au milieu duquel soit une carte plus large que les autres, par exemple un valet de pique : placez sous ce valet un sept de carreau et sous ce sept un dix de trèfle : mettez sur le dessus du jeu différentes cartes semblables à ces deux dernières, et d'autres sur lesquelles soient dessinés divers objets en observant l'ordre suivant :

1re carte, un oiseau.
2º — un sept de carreau.
3e — une fleur.
4e — un autre sept de carreau.
5e — un oiseau.
6e — un dix de trèfle.
7e — une fleur.
8e — un autre dix de trèfle.

Sept à huit cartes indifférentes, le valet de pique, carte large, le sept de carreau et le dix de trèfle, et le reste toutes cartes indifférentes.

On fait tirer à deux personnes différentes les deux cartes qui sont sous la carte large, c'est-à-dire le sept de carreau et le dix de trèfle ; on prend le jeu dans la main gauche, on l'ouvre à l'endroit de la carte large comme si on ouvrait un livre, et on dit à celle qui a tiré le sept de carreau de le placer dans l'endroit ouvert; on la fait ensuite souffler sur le jeu, et,

sans le fermer, on fait au même instant glisser
sur cette carte la carte qui est sur le jeu et
sur laquelle est peint un oiseau (1); on dit alors
à cette personne de regarder sa carte et on lui
fait observer ce changement; on la lui fait
remettre et, la faisant souffler une seconde
fois sur le jeu, on y fait repasser le sept de
carreau qui est alors sur le dessus du jeu, et
on lui fait voir que sa carte est revenue; on
agit de même pour la faire de nouveau chan-
ger en fleurs, et revenir dans son état naturel;
enfin, on fait la même chose avec la seconde
personne qui a tiré le dix de trèfle.

(Tout l'artifice consiste à faire glisser avec
le doigt mouillé la carte qui est au-dessus du
jeu, et la mettre toujours sur la carte large,
ce qui est très facile. On doit observer qu'il ne
faut pas quitter la partie du jeu que l'on tient
dans la main. Cette récréation demande très
peu d'adresse et se trouve par là très facile à
exécuter.)

————•≫○≪•————

La carte pensée au nombre.

Mettez la carte longue la seizième dans un
jeu de piquet, étendez ensuite sur la table dix

(1) Pour la faire passer facilement, il faut mouiller le doigt
du milieu de la main gauche, avec lequel on doit l'amener
légèrement sur le jeu.

ou douze cartes du dessus, et proposez à une personne d'en penser une, et de retenir le nombre où elle se trouve placée; remettez ces cartes sur le jeu, faites sauter la coupe à la carte longue, qui se trouvera alors placée dessus; demandez ensuite à cette personne à quel nombre est la carte qu'elle a pensée, comptez secrètement d'après ce nombre jusqu'à seize, en jetant les cartes l'une après l'autre sur la table, et en les tirant du dessous, arrêtez à ce nombre, la dix-septième étant la carte pensée; demandez ensuite à la personne si elle a vu passer sa carte, elle répondra que non; vous lui demanderez alors à quel nombre elle désire qu'elle se trouve; et reculant avec le doigt la carte pensée, vous retirerez celles qui suivent jusqu'à ce que vous soyez arrivé au nombre demandé.

✦

Trouver dans le jeu, et au travers d'un mouchoir, une carte quelconque qu'une personne a tirée d'un jeu.

Donnez à tirer une carte dans un jeu, et partageant le jeu en deux, dites à la personne qui l'a choisie de la mettre au milieu du jeu; faites sauter la coupe à cet endroit, et cette carte se trouvera alors la première au-dessus du jeu; mettez-le alors sur la table, couvrez-le

d'un mouchoir un peu fin, et prenez cette première carte à travers le mouchoir, en faisant mine de la chercher dans tout le jeu. Renversez ce mouchoir et faites voir que cette carte est celle qui a été tirée.

⊷➤◦⫷⊶

Faire tirer une carte au hasard, et, après avoir divisé le jeu en quatre paquets, la faire trouver infailliblement dans celui que la compagnie choisira librement.

Aussitôt qu'on aura pris une carte, tenez : 1° la moitié du jeu dans chaque main ; 2° faites poser la carte choisie sur le paquet de la main gauche, et couvrez-la du paquet de la main droite ; faites sauter la coupe invisiblement, et le spectateur croira que la carte choisie est dans le milieu du jeu, quoiqu'elle soit dessus ; 4° employez un instant un faux mélange, finissez par laisser sur le jeu la carte en question, et enlevez-la (fig. 6) ; donnez à mêler les autres cartes (on croira tenir le jeu entier et confondre avec les autres la carte choisie) ; 6° partagez le jeu sur le bord de la table, de votre côté, en quatre paquets ; 7° égalisez les paquets

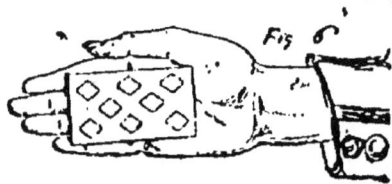

en donnant à celui qui n'aurait que trois ou quatre cartes quelques-unes de celui qui en aurait un très grand nombre. (Servez-vous pour cela de la main gauche, puisque la droite n'est pas libre.) Et quand on aura désigné le paquet sur lequel on voudra faire trouver la carte choisie, prenez-le de votre main droite en y posant la carte. Quand ce paquet sera entre vos mains, vous pouvez encore, avant de montrer la carte, demander si on veut qu'elle soit dessus ou dans le milieu du paquet ; et, pour remplir le vœu de la compagnie, employez la coupe.

•➤○◄•

Deviner plusieurs cartes que deux personnes ont prises dans un jeu.

On dispose les cartes en deux parties qu'on sépare l'une de l'autre par une carte longue. La première contient la quinte du roi de trèfle et celle de pique, les quatre huit, le dix de carreau et celui de cœur.

La seconde contient les deux quatrièmes majeures en carreau et cœur, les quatre sept et les quatre neuf.

On bat le jeu, ayant attention à ne pas mêler celles du premier tas, dont la dernière est la carte longue, avec celles du second tas ; on coupe ensuite à cette carte et on fait deux tas.

On présente le premier tas à une personne en
lui disant d'en prendre deux ou trois cartes,
et on remet ce tas sur la table; on présente
de même le second tas à une autre personne,
et on remet (sans qu'on s'en aperçoive) les
cartes tirées du premier tas dans le second, et
celles tirées du second dans le premier; on bat
les cartes, en ne mêlant pas celles du tas de
dessus avec celles de celui de dessous, et, regardant le jeu, on nomme les cartes que ces
deux différentes personnes ont tirées, ce qu'il
est très facile de reconnaître, en examinant
quelles sont celles qui se trouvent alors changées dans chaque tas.

•➤○❮•

Nommer toutes les cartes d'un jeu de piquet sans les voir, quoique le jeu ait été coupé plusieurs fois.

Dans l'arrangement des cartes, suivez cet
ordre : as, dix, neuf, roi, valet, huit, dame, il
restera quatre sept, que vous arrangerez ainsi :
pique, cœur, trèfle, carreau.

Faites couper le jeu une ou plusieurs fois,
en remarquant la carte de dessous; vous réta-
blissez dans votre imagination l'ordre et le
rapport qui ont été rompus par la coupe, et
sachant quelle est la carte qui doit être sur le

jeu, d'après celle-là vous nommez toutes les autres. Cet arrangement peut servir dans le cas où le saut de coupe serait connu.

center>❧

Carte en bouquet.

Une carte ayant été prise et mêlée dans un jeu qu'on jette en l'air, la rattraper dans sa main parmi toutes celles qui voltigent.

Vous donnez à prendre une carte que l'on remettra dans le jeu, après que la personne qui l'aura prise l'aura vue. Vous ferez un faux mélange, en conservant toujours la carte dessus. Vous l'enlevez, en donnant le jeu à mêler à un des spectateurs auquel vous recommanderez de le jeter en l'air, et quand les cartes retombent, vous donnez un coup de main à travers cette pluie, comme si vous vouliez en attrapper une. Vous montrez celle que vous avez enlevée et que vous aurez soin de ramener au bout des doigts dans le mouvement que vous faites pour feindre de la rattraper.

Voilà un bien petit tour, et cependant vous voyez qu'il faut employer plusieurs principes. Il faut faire *sauter la coupe, enlever la carte* et *faire un faux mélange.*

Autres tours.

P. Guillaume avait bien d'autres tours, par exemple la *carte au cadre*, la *carte imprimée dans le mouchoir*, la carte se retrouvant *collée* contre le mur, la carte *retrouvée* dans la poche ou *dansant dans un verre*, il vous les apprendra une autre fois.

Intérieur d'un théâtre de Guignol.

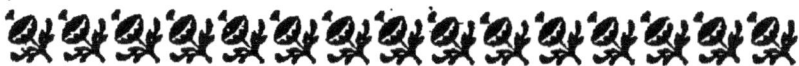

QUATRIÈME PARTIE

Les soirées faciles à organiser.

Pour rester dans les termes militaires, disons que les amusements précédents sont, pour la plupart, des *amusements de peloton.*

Pierre Guillaume avait aussi des *amusements de compagnie,* et là il excellait à *fournir des occupations* à bon nombre de camarades. (Ce n'est pas une des formes les moins intelligentes du zèle ; en cela il aidait admirablement l'aumônier de l'œuvre militaire.)

L'œuvre militaire, hélas ! n'était pas riche, elle n'avait pas de théâtre... ; à toute force il en fallait un !

On se contenta tout d'abord du :

Théâtre de Guignol.

Vous l'installez dans l'embrasure d'une porte : les coulisses peuvent être de vulgaires mor-

ceaux de papiers peints, et les poupées? Ah!
les poupées, je vous les recommande!

L'épicier en donne plusieurs pour deux sols.

Vous n'avez pas, en France, de carrière qui
puisse vous fournir un marbre aussi malléable
qu'une pomme de terre (1), prenez votre couteau, vous ferez des figures superbes. L'étoffe,
ne coûtant que quelques centimes le mètre, les
vêtements de Guignol et de sa famille ne vous
ruineront pas.

Il n'ont pas ruiné Pierre Guillaume, et ce
bon soldat fut largement payé de sa peine,
lorsqu'il vit la salle comble, et le contentement
de son aumônier.

Comme répertoire de pièces, il avait celui
d'*Onofrio* (guignol lyonnais), dont les premiers
exemplaires ont valu 100 et 200 francs, mais il
y a actuellement une édition très abordable
comme prix, 4 ou 5 francs (2).

Indépendamment des pièces du répertoire
classique, la moindre chanson avec parlé, lui
fournissait assez la matière à exciter le rire
et à amuser les camarades.

Les acteurs, trouvant autant de plaisir que
les spectateurs, ne faisaient jamais défaut.

---

(1) On me dit que Brault en parle dans *Chapuzol*, c'est possible. Mais à coup sûr, je ne l'ai pas copié chez lui, puisque
nos *premières sculptures* datent de 1874; mes condisciples
s'en souviennent,

(2) Il reste peu d'exemplaires de cette édition. L'auteur de la
Pochette se fera un plaisir de dénicher ceux qui restent chez
les libraires de la ville.

Le théâtre avec ses ACTEURS.

Concerts.

Guignol se serait épuisé s'il avait fallu qu'il parût tous les dimanches, et il se serait surtout *usé*. Pierre Guillaume connaissait la musique ; avec l'aide de soldats chanteurs, il préparait des soirées qui surpassaient en brio tous les *Concerts* du voisinage.

Ah ! par exemple, il était sévère et très sévère pour le choix des romances.

Celles qui courent les trottoirs et dont la rime vaut le papier et la musique (!) avaient le don de lui agacer les nerfs. « Le premier goujat du monde, disait-il, en ferait tout autant sans avoir jamais appris à lire ni à solfier. »

Cependant malgré le contrôle qu'il exerçait sur ses collaborateurs, il fut un soir surpris de s'être trompé, et la romance qui était commencée, menaçait, au second couplet, de tourner à l'aigre.

Pierre Guillaume regarde son chanteur avec un regard si suppliant, que l'autre, épris de pitié pour les nerfs de son ami, fit croire que la mémoire lui faisait défaut.

Brusquement et sans le vouloir, il profère le mot de Cambronne, et ajoute : « *Je m'en souviens plus !* » On en rit encore.

Au moins il ne scandalisa personne.

·>o<·

Un soir pris à l'improviste, P. Guillaume avait imaginé de faire une :

Loterie.

C'était bien un peu imprudent, car il n'avait pas pensé de demander l'autorisation de la préfecture.

Pour l'excuser, disons que les billets étaient gratuits. (L'éphéméride les avait fournis.) Quant aux lots, nous ferions mieux de n'en pas parler, de crainte de susciter encore un retour de regrets de la part de ceux qui avaient été mystifiés.

L'affiche portait : 1° *Œuvres de Racine*; 2° *deux souliers en bronze*; 3° *un portefeuille*; 4° *un petit nécessaire*; 5° *vue d'une prise de Rome* par deux soldats; 6° bien d'autres lots de ce genre.

Le 1er était deux racines jaunes, le 2e, deux sous attachés ensemble, le 3e, une branche d'arbre, le 4e, un cure-dent. Au 5e lot, le gagnant vit P. Guillaume avaler une goutte de rhum en compagnie d'un camarade.

Ce que les autres ont ri, ce n'est rien de le dire !...

Ombromanie.

Un autre jour, il vint à l'Œuvre militaire avec un pot d'huile et un grand papier à dessin.

— Camarades, aidez-moi.

— Mais qu'est-ce que tu veux faire?

— Travaillez, vous parlerez après.

Il fit faire un châssis d'un mètre de long sur cinquante centimètres de haut. Ce châssis fut recouvert de papier, le papier fut huilé et les gravures de la page 103 et des suivantes vous donneront une idée de la séance d'OMBROMANIE qu'il donna à l'assistance le dimanche suivant.

Il parvint quelque temps après à former un de ses camarades à l'assouplissement des doigts, et il y eut une scène d'

Ombres chinoises.

tout à fait curieuse; à l'aide de quelques cartons découpés, on arriva à de très beaux résultats.

·►◦◄·

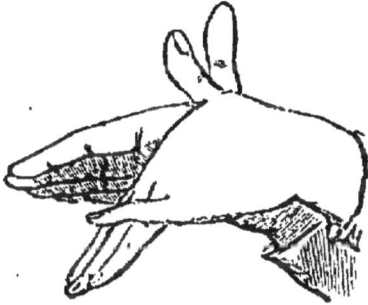

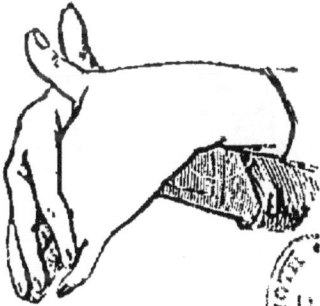

Le lapin, le loup et le cheval.

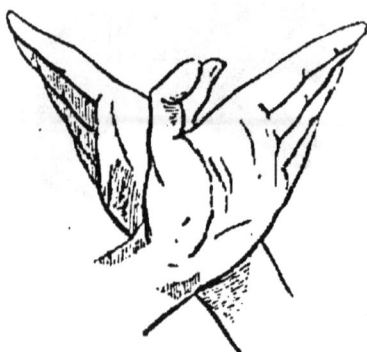

L'oiseau et le PETIT MINET.

Le petit roquet et l'oie.

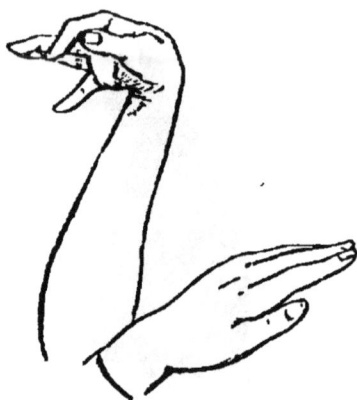

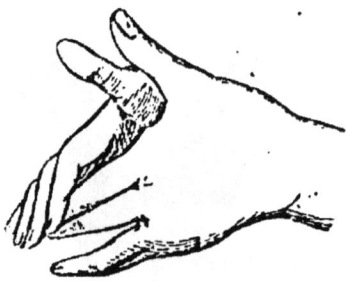

Le cygne et le bœuf.

L'avocat et le client.

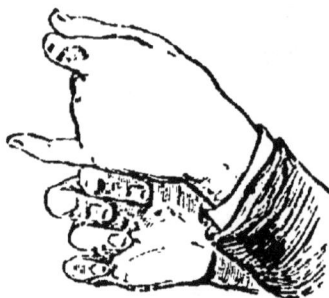

L'huissier, Pierre Guillaume (?) et la tête du poulet
(qu'on ne mange pas à la caserne).

Les projections photographiques.

Pierre Guillaume avait dans la ville plusieurs de ses amis qui cultivaient l'art de la photographie sur verre. Leurs collections ne moisissaient pas dans leurs placards : l'Œuvre militaire se chargeait de les aérer.

Disons à leur louange qu'ils s'y prêtaient volontiers; l'un d'eux avouait même qu'il avait plus de plaisir à augmenter ses *vues*, depuis qu'il les savait destinées à intéresser les soldats de l'Œuvre.

(Dans le cas où vous voudriez des collections et des lanternes, adressez-vous, 8, rue François-Ier, à Paris. Vous y trouverez des clichés tout prêts et très intéressants. Il y a des collections religieuses qui sont une vraie prédication.)

⋅➤◦◄⋅

Les soirées théâtrales.

Il ne faut pas se faire illusion, les *loteries*, les *ombromanies*, *Guignol* même, lui le désopilant Guignol ! tout cela s'use assez facilement.

Trop fréquentes, les soirées de ce genre n'attireraient plus personne.

Une soirée qui a toujours des amateurs, c'est la soirée théâtrale. Alors même que la scène serait tout à fait primitive comme installation, le moindre dialogue *parlé par des camarades*, la plus petite pièce dramatique attirera de nombreux amateurs.

Evidemment les costumes et les décors aident au succès de la soirée, mais *si l'on n'a pas tout ce qu'il faudrait, on commence à faire avec ce que l'on a.*

Telle œuvre a eu des commencements plus que modestes qui possède maintenant, grâce au concours de tous, des accessoires acceptables.

Le répertoire de la petite troupe dramatique n'est pas un secret; car les pièces convenables ne manquent pas (1).

Il ne faut pas croire le spectateur militaire difficile : le moindre débit l'amuse. Ceux qui ne seraient pas convaincus de cette vérité n'ont qu'à aller se promener dans une *vogue* ou *fête balladoire* quelconque : les soldats n'y sont pas les moins nombreux, et certes, sans médire du talent des clowns ou des acteurs de théâtre des familles, nous avons bien la prétention de faire mieux.

En tout cas nous faisons beaucoup mieux au point de vue moral que beaucoup de théâtres de grandes villes.

---

(1) Les librairies René Haton, Bricon et toutes celles des grandes villes ont des catalogues de pièces très intéressantes.

Ce qu'est devenu le théâtre moderne.

Autrefois on pouvait dire de la comédie : *Ridendo castigat mores.* « Maintenant, hélas ! dit Alexandre Dumas lui-même, *ce n'est pas seulement l'œuvre qui est immorale,* C'EST LE LIEU. »

« Dans tous les théâtres, aujourd'hui, on justifie et glorifie le divorce. Partout le suicide est prôné comme l'apogée du courage et comme le seul dénouement des grandes douleurs. C'est si héroïque de se tuer, quand on n'a plus autre chose à faire ; la prostitution est, comme l'adultère, la source des vertus dramatiques : rien de plus transparent que les perles du fumier. Le théâtre actuel, sur toute la ligne, *c'est la réhabilitation du fumier.* Le fumier n'est pas ce qu'un vain peuple pense ; le fumier est pur, le fumier est fleuri ; la femme perdue est chaste et sainte.

« Par contre, les bons pères et les bonnes mères de famille sont des imbéciles, des êtres méprisables et ridicules. « Bon père et bon « époux ! » cela se gravait autrefois sur la tombe des marguilliers. Aujourd'hui, l'honneur prêché par tous les dramaturges c'est de n'être ni l'un ni l'autre. Une femme dévouée, fière et fidèle peut figurer dans les contes de ma Mère l'Oie ; mais quel triste personnage dans un drame ! et comme cela ferait maigre recette !

et comme les rares bourgeoises du parterre hausseraient les épaules !

« Il faut donc des divorces, des adultères, des impudeurs, des hardiesses qui effarouchent même les critiques blasés et nullement prudes. Sarcey déclare que c'est trop fort, qu'on va trop loin, qu'il n'assisterait jamais à ces exhibitions d'ordures, n'était que le devoir l'y oblige. Un jour, Sarcey, parlant à bouche ouverte des fournisseurs du *Théâtre libre*, s'écriait : « Ce sont les porcherons de la litté- « rature dramatique! » Lui qui en a tant vu, est tout navré de ne plus voir sur les planches que des femmes éhontées, des maris adultères, *tout l'égout social.* » (R. P. DELAPORTE.)

Nos soirées théâtrales n'ont rien de tout cela ; on y rit bien quand même, et on rit sans rougir.

Plus haut, je vous parlais de théâtre primitif comme installation, toutes les œuvres ne sont pas réduites à ces nécessités.

Si jamais vous avez l'occasion de venir à Lyon, faites une visite à l'établissement militaire (1) de la Part-Dieu, et mettez-la un dimanche d'hiver, entre six et huit heures du soir, vous verrez par vous-même que, comme soirées théâtrales, les militaires sont bien servis.

_____

(1) 88, rue de la Part-Dieu.

Raison d'être du théâtre dans les œuvres militaires.

« Pourquoi tous les dimanches donner la comédie à vos soldats ? Mais toutes les dépenses que vous faites pour les amuser n'arrivent pas à leur but ? Nous avons prouvé par des chiffres que nous ne nous étions pas trompés, que le nombre des soldats fréquentant l'établissement avait triplé et quadruplé, ainsi que celui des assistances à la messe militaire et des Pâques. Nous avons dit que ces fêtes, en attirant chez nous beaucoup de soldats qui ne nous connaissaient pas, *nous offraient une occasion naturelle et facile de nous mettre en contact avec eux, de leur parler, de les encourager, de les consoler, de leur faire du bien, et de les ramener à Dieu.*

« Nos acteurs ont entrepris une œuvre de pur dévouement, de pur désintéressement. Qu'en passant, une fois ou deux, on se sente intérieurement flatté par les applaudissements, qu'on éprouve la douce griserie du succès, c'est possible ; mais enfin ces plaisirs-là, si vifs et si aigus qu'ils puissent être, finissent par s'émousser, et on cesse vite de travailler pour la gloire, quand rien ne vient après. Il en est un peu de la gloire comme de la vertu, et on peut dire : *Gloria post nummos.* La gloire après l'argent.

« *Si le spectateur n'a qu'à s'amuser et à jouir, l'acteur doit travailler, peiner, se gêner pour le plaisir des autres.*

« Oui, c'est une œuvre de dévouement et de désintéressement qu'ils accomplissent. Outre la soirée du dimanche dont ils font gratuitement les frais et qu'ils consacrent tout entière au plaisir des autres, remarquez bien que tous ces jeunes gens, soldats ou anciens soldats, après les fatigues et l'assiduité du travail, se condamnent à venir pendant dix mois, au moins trois fois la semaine, quelquefois des extrémités de la ville et par un temps mauvais, pour répéter pendant deux heures les pièces ou les concerts qu'ils donneront le dimanche suivant. » *(L'Ami du soldat,* Lyon.)

Dieu récompensera ce zèle par des grâces toutes spéciales, et tous ceux qui, directement ou indirectement, contribuent à procurer aux soldats des distractions qui les reposent *en ne les déformant ni au point de vue moral ni au point de vue militaire,* ceux-là sont assurés de bien mériter et de Dieu et de la Patrie.

J. M. J.

TABLE DES MATIÈRES

PREMIÈRE PARTIE

JEUX ET FARCES INNOCENTES

DEUXIÈME PARTIE

PRESTIDIGITATION

TROISIÈME PARTIE.

TOURS DE CARTE

QUATRIÈME PARTIE

LES SOIRÉES FACILES A ORGANISER

ILLUSTRATIONS

Lyon. — Imp. Emm. VITTE, rue de la Quarantaine, 18.

POCHETTE

DU

CONSCRIT FRANÇAIS

....

Indicateur indispensable à tout futur soldat. Le succès obtenu par la 1re édition est une recommandation qui s'ajoute aux diverses et nombreuses approbations données à cette modeste brochure.

La 3e édition contient la liste générale des prêtres a qui on peut adresser les soldats.

~~~~~~~~~~~~~

SUPPLÉMENT A L'USAGE DES SÉMINARISTES ET RELIGIEUX obligés de passe un an au service militaire.

www.ingramcontent.com/pod-product-compliance
Lightning Source LLC
Chambersburg PA
CBHW051724090426
42738CB00010B/2075